新編 山のミステリー

異界としての山

工藤隆雄

山と溪谷社

新編

山のミステリー

異界としての山

工藤隆雄

山と溪谷社

目次

Ⅰ 山の幽霊ばなし

第1話 真冬の幽霊 とある山小屋三代目（談）……10
第2話 体が透ける とある山小屋従業員（談）……13
第3話 屋久島の幽霊 とある山小屋三代目（談）……16
第4話 窓辺に座っていた幽霊 とある山小屋常連（談）……22
第5話 看板のなかの顔 とある山小屋主人（談）……25
第6話 車のドアを閉めた謎の手 大菩薩連嶺・富士見山荘主人 内木雅彦（談）……29
第7話 人間が怖い とある山小屋主人（談）……32
第8話 幽霊に助けられた女性たち 日光尾瀬丸沼高原・ペンションコスモスオーナー 萩原弘（談）……36
第9話 甲斐駒ヶ岳の幽霊 とある登山者（談）……43
第10話 避難小屋の怪……46

Ⅱ 人智を超えるもの

第11話 浮かび上がる遭難遺体 中央アルプス・ホテル千畳敷元山岳対策支配人 木下寿男（談）……54
第12話 夢に現れた遭難現場 北八ヶ岳・黒百合ヒュッテ主人 米川正利（談）……57

第13話　「拝み屋さん」の予言　南アルプス鳳凰三山・南御室小屋元主人　小林三郎（談）……61
第14話　血を引く　北アルプス・太郎平小屋主人　五十嶋博文（談）……65
第15話　霊が見える人たち　とある民宿女将（談）……72
第16話　UFOの降りた山　北八ヶ岳・しらびそ小屋主人　今井行雄（談）……76
第17話　もうひとりの登山者　奥多摩・町営雲取奥多摩小屋元小屋番　岡部仙人（談）……81
第18話　謎の火の玉　南アルプス・大平山荘　竹澤愛子（談）……85
第19話　静止する蠟燭の炎　南アルプス・南アルプス市営両俣小屋小屋番　星美知子（談）……89
第20話　幻のかりんとう　奥多摩・町営雲取奥多摩小屋元小屋番　岡部仙人（談）……92
第21話　消える山小屋　奥多摩・雲取山荘主人　新井信太郎（談）……97
第22話　山の神に守られる？　奥秩父・金峰山小屋主人　吉木綾子（談）……102
第23話　大きな天狗　陣馬山・清水茶屋主人　清水辰江（談）……108
第24話　おいらんのかんざし　とある山小屋主人（談）……110
第25話　不思議な観音様　登山者　宮崎里次（談）……113

Ⅲ　自然の不思議

第26話　森のなかから助けを求める声　丹沢・鍋割山荘小屋番　草野延孝（談）……118
第27話　死者を悼むリス　北八ヶ岳・しらびそ小屋主人　今井行雄（談）……123

第28話　空飛ぶキツネ　奥武蔵・鐘撞堂山の炭焼き（談）……126
第29話　水筒に助けられた登山者　とある登山者（談）……128
第30話　逃げなくなった野鳥たち　奥多摩のとある山小屋バイト　皆川由博（談）……131
第31話　寒気　奥多摩・雲取山荘主人　新井信太郎（談）……133
第32話　ダケカンバの夢　北八ヶ岳・オーレン小屋小屋番　小平忠敏（談）……136
第33話　七転び八起木　三ッ峠山・三ッ峠山荘主人　中村光吉（談）……139
第34話　雷で育つアズマシャクナゲ　奥秩父・十文字小屋元主人　山中邦治（談）……143
第35話　天狗が木を伐る　御坂山塊・御坂茶屋元主人　渡辺千昭（談）……149
第36話　天狗のテーブル　北八ヶ岳・しらびそ小屋主人　今井行雄（談）……152
第37話　消えた戦闘機　登山者　佐藤信（談）……155
第38話　風穴に響く愛犬の声　苗場山・遊仙閣小屋番　高波菊男（談）……160
第39話　七年に一度山中に現れる幻の池……166
第40話　雲が教えてくれたこと　陣馬山・清水茶屋主人　清水辰江（談）……170
第41話　「更級日記」と富士噴火の謎？……174

Ⅳ　ひとの不思議

第42話　ザックの中身　中央アルプス・ホテル千畳敷元山岳対策支配人　木下寿男（談）……178

第43話　謎のバンダナ　奥多摩・雲取山荘主人　新井信太郎（談）……182
第44話　黒ずくめの遭難者　丹沢・鍋割山荘小屋番　草野延孝（談）……186
第45話　水晶山の遭難　奥秩父・笠取小屋主人　田邉静（談）……190
第46話　消えたキスリング　大菩薩連嶺・介山荘主人　益田繁（談）……193
第47話　オカリナ　奥秩父・三条の湯元主人　木下昇（談）……198
第48話　山中の車　奥秩父・金峰山小屋主人　吉木綾子（談）……207
第49話　山上のストリーキング　とある山小屋主人（談）……211
第50話　中高年登山ブームのかげで　とある山小屋元小屋番（談）……215
第51話　死相　とある山小屋小屋番（談）……218
第52話　赤い帽子　とある山小屋主人（談）……220
第53話　ツチノコより不思議な男……222
第54話　それでも医者か　丹沢・鍋割山荘小屋番　草野延孝（談）……228
第55話　水場のミステリー……238
第56話　山の仲間が支える命　福島県吾妻山・吾妻小舎主人　遠藤守雄（談）……243
あとがき……250
新編のためのあとがき……252

本文写真＝工藤隆雄・佐藤徹也

Ⅰ　山の幽霊ばなし

第1話　真冬の幽霊

とある山小屋三代目（談）

山中洋（仮名）は、今でこそとある山小屋で三代目として父親とともに働いているが、数年前までは、知人が経営する山小屋で修行していた。これは、その時の話である。

冬だった。三千メートル近い稜線は一面雪で真っ白だった。平日で登山者は誰もいなかった。小屋にいたのは、洋ともうひとりのアルバイトだけだった。

ふたりは、入口のすぐそばにあるストーブの横に布団を敷いて寝ていた。夜、誰がきてもすぐに飛び起きられるようにするためだった。しかし、真冬の夜の山に、誰もくるはずがなかった。ふたりは退屈して、夕食後には早々に寝てしまった。

夜中、十二時頃のことである。洋は寒さで目を覚ました。ふと、ストーブのほうに目を向けると、薄暗いなかで誰かがストーブにあたっているのが見えた。ストーブに手をかざしてじっとしているのである。顔はよく見えないが、体つきからすると、まだ若い男だった。ひどく疲れたような雰囲気だった。

洋は、寝ているうちに登山者がきたんだなと思い、すぐ部屋の案内をしようと起き上がった。しかし、次にストーブのほうを見ると、そこには誰もいなかった。

（おかしい。違う部屋にでも上がってしまったのだろうか……）

洋は「お客さん、お客さん」と声をかけたが、返事はなかった。便所にでも行ったのだろうか。洋はそう思いながらストーブの横に立った。そのとたん、体中を寒気が走った。ストーブは火の気がないどころか、冷えきっていたのである。

その時、もうひとりのアルバイトが目を覚ました。

「どうしました、こんな夜中に」、眠そうに訊《き》いた。

「うん、た、たった今、ストーブに男の人があたっているのが見えたんだけど、次に見たら、誰もいないんだ。火の気のないストーブに……」

洋がそういうと、そのアルバイトは、「あっ」と叫んだ。

「どうした、急に大きな声を出して。驚くじゃないか」

「ゆ、幽霊ですよ。また出たんだ」

「嘘だろ……」

「いや、僕も前に見たことがあるし、ここの親父さんに訊くと、親父さんも見たことがあるといっていました。まだ若い男でひどく疲れた感じだったといったら、そのとおりだって。洋さんが見たのもそういう感じだったでしょ」

「そう、そういう感じだった、確かに……」

「この山で遭難して浮かばれない人なんだろうな、たぶん」

もうひとりのアルバイトはしんみりといった。

「寒いんだな、きっと。身も心も……」

そう呟《つぶや》くと、洋はストーブに薪を入れ、火を点《つ》けた。

供養のつもりだった。

第2話　体が透ける

とある山小屋従業員（談）

「何となく寝苦しい晩でした。目を閉じているのに、天井あたりで何か光のようなものがちらちらとしているのがわかりました。何だろうと思って目を開けた、そのとたんでした……」

こういって幽霊を見た話をしたのは、吉田民雄（仮名）である。吉田は現在、東京でサラリーマンをしているが、少し前まではとある山小屋で働いていた。その山小屋の二代目小屋番畑中進（仮名）が大学の先輩で、手伝いをしてほしいと頼まれ、働き始めたのである。

幽霊を見たのは、五年前の秋のことだ。その日は、登山者が数人泊まっていた。夕食の後片づけも終わり、吉田は九時過ぎには管理人室の布団に横になっていた。疲れていた。目を閉じた。その時である。目を閉じても光が見えたのは。

「驚きました。目を開けたとたん、目の前に男の人の顔があったんですから。最初は、酔っ払いが、部屋を間違えて管理人室に入ってきたのかと思ったんです。でも、重みが感じられない。おかしい。もしかしたら、幽霊か……」

もともと吉田に霊感はない。この世に幽霊がいるわけがないと思っていた。誰かの悪戯《いたずら》だろうと思った。もしそうだったら、たたき出してやろう。男が何者か、全体を見ようと周囲を見回すと、右脇に荷物があったが、その荷物が体から透けて見えているのだった。本物の人間なら荷物が体から透けて見えるはずがない。幽体といわれるものではないか。吉田は男を幽霊だと確信した。全身に鳥肌が立ち、震えが起きた。

「とにかく電気を点けようと思い、枕元にある電気のスイッチを探しましたが、その時の時間の何と長かったことか。ほんのわずかな時間なのに、十分にも二十分にも感じられましたね」

吉田は手を伸ばしながら必死にスイッチを探した。今にも呪い殺されるのではないかと思った。恐ろしくて、震えがおさまらなかった。ようやく電気が点いた。そのとたん、幽霊の顔は消えた。何事もなかったかのように、目の前はいつもの山小屋の風景だった。あっけなかった。しかし、吉田は、初めて幽霊を見た恐ろしさにまだ震えていた。手を合わせると、日頃口にしたこともないお経を唱え始めた。お経といっても自己流のお経である。

「なんまいだぶ、なんまいだぶ……」

拝んでいるうちに少しずつ気持ちが落ち着いてきていた。脳裡に男の顔が浮かんでは消えた。青白く寂しそうな顔をしていた。ふと、どこかで見たことがある顔だと思った。しかし、思い出せなかった。

（いったい誰だろう。この山のどこかで遭難して成仏できない人が出てきたのだろうか。誰かが、遭難して死んだ人は慰めてほしくて山小屋にいる人に寄ってくるといっていたけれど……）

しかし、そうはいっても、けっして気持ちのよいものではない。吉田はその日、電気を点けたまま眠った。

数日後、山麓で三か月ぶりに遭難遺体が発見されたと畑中から聞いた。

「中年の男の人で、ひとりで登っていたらしい。家族の人から捜索願いが出ていて、うちにも写真入りのポスターが貼られていた人だ」

吉田も一度、そのポスターを見たことがある。もしかしたら、そのポスターの人が遭難し、幽霊になって現れたのかもしれない。幽霊を見た時、どこかで見たことがあると思ったのは、ポスターの写真を見ていたからではないか。しかし、どんな顔をしていたかまではおぼえていない。

「その遭難者のポスターはまだありますか？　入口ですか？」、吉田は訊いた。

「いや、もうすんだから外して燃やしたよ、どうかしたのか」

「そうですか。ないならしかたない」

吉田は立ち上がろうとして、腰を落とした。残念だった。しかしその反面、燃やされてよかったとも感じていた。もし、燃やされずにまだあり、その写真と脳裡に残っている幽霊の顔とが同じだったらいやだなと思ったからだ。

第3話　屋久島の幽霊

とある山小屋三代目（談）

仮にAとしよう。Aは、現在、とある山小屋の三代目として働いている。しかし、十年ほども前になるが、小屋番になるのがいやで家出をした経歴を持つ男である。この話はAが家出をして、鹿児島県の屋久島《やくしま》に行った時の話である。小屋番になるのはいやだったが、山は好きだった。なかでも屋久島は一度は訪れたい島だった。

その日、Aは屋久島の最高峰の宮之浦岳《みやのうらだけ》を目指して安房《あんぼう》からテントを担いで山に入った。途中、大ぶりのヤクシマシャクナゲがきれいで、何度もカメラのシャッターを切った。屋久島は「一か月に三十五日雨が降る」といわれるほど雨が多い島だが、その日は幸い雨も降らず、快晴だった。午後になると、Aは急に疲れをおぼえて、テントを張る場所を探し始めていた。ヤクシマシャクナゲが咲きほこるというのに、誰にも会わなかった。関東の山では考えられないほど静かだった。

小さなピークに立った。テントを張れるぶんの広さもあった。Aはここにしようと思った。ふと見ると、ピークに何か小さな道標のようなものが立っていた。それには「××君、ここに眠る」と書かれていた。

とんだところにテントを張ろうと考えたものだ。Aは、あわててピークから離れると、少し下り、登山道横にちょうどよいテント場を見つけた。平坦で、あつらえたようだった。ここにしようと思ったが、振り返ると、ピークの上にちょこんと豆粒くらいの大きさで遭難碑が見えた。視界に入れたくなかった。さらに歩いた。しかし進めば進むほど、どんどん屋久島特有の背丈ほどもある笹藪《ささやぶ》になり、よいテント場が見つからなかった。

（やっぱりあそこしかないか……）

Aは踵《きびす》を返すと、再び平らな場所に戻った。

ピークに目をやると、相変わらず、遭難碑が小さく見えた。Aは遭難碑に誰かがヒョイと立ったらいやだな、と思いながらもザックを置いた。ザックに腰をかけながら、しばらく遭難碑とテント場を交互に見ていた。しかし、結局は疲れていたこともあり、テントを張ることにした。

「……出たら出たで、その時だ」

強がりをいって、テントを張り、シュラフの上に横になった。背伸びをした。心地よかった。

だが、遭難碑が気になってしかたがない。テントの入口を大きく開けた。見ないでおこうと思ったが、ついつい遭難碑に目がいった。

どれくらい経《た》った時だろうか。ふと見ると、ピークの上に若い男がヒョイと立っているのがわかった。視線が釘づけになった。Aはぞっとした。いやな想像がそのまま起こってしまったのである。その男は遭難碑を見ていて、Aのほうに顔を向けてこない。どうもたまたま通った登山者のようだった。こんな偶然もあるのか。Aはほっと胸を撫《な》で下ろした。そのうちここを通り過ぎていくだろう。お互いひとりだから何か話をしていくに違いない。

Aは話し相手ができたような気持ちになっていた。ここを通った時、お茶でも出してやろう、そう思うと、あわてて、バーナーを取り出した。コッヘルに水を入れて火を点けた。そうそう、甘いお菓子もあった。Aはお菓子を並べた。お湯加減をみるために指を突っ込んで少し火傷《やけど》をしたりもした。ひりひりした。準備は万端整った。いつでもこい、だ。

しかし、待っても男は通らなかった。コッヘルの湯が沸騰していた。ピークから下りてきても一分もかからないはずである。おかしい。そう思って、ピークを見上げると、そこには誰もいなかった。

あれっと思った。ピークから戻っていってしまったのだろうかとも考えた。けれど、普通ならテントの前を通って宮之浦岳のほうに向かうはず。そう思ったら、遭難者の幽霊としか思えなくなった。

悪いことには、テントを張ったところが、作られたような平坦地だったことを思い返し、もしかして遭難者の遺体を荼毘《だび》に付した場所ではないかと疑い始めてしまった。Aは逃げ出したくなった。実際、シュラフをたたみかけた。しかし一方では、冷静にならなくては、と思った。

「落ち着け、この世に幽霊なんていない。登山者が偶然通りかかり、そして戻っただけだ。

テントを張ったここだって誰かが気に入って作った場所だ、落ち着け」

自分にいい聞かせた。すると、自分を取り戻すことができ、どこかしら安心した。再びシュラフを敷いた。だが、それでも心の片隅には、あれは幽霊に違いない、もしここが荼毘に付された場所だったら……と、しつこく呟くもうひとりの自分がいた。

夜明けまで時間が長かった。疲労でうとうとしていると、風や何かの物音で目が覚めた。入口に男が立っていたらいやだな、などと妄想ばかりしていた。実に心細かった。ふと、この旅を終えたら自宅に帰り、山小屋を継ごうと思った。両親や兄弟のいる温かい山小屋がどれほどよいところかということが、その時初めてわかった。

夜明けとともに、Aはその場から逃げるように宮之浦岳に向かった。しかし、不思議なもので、あれほど怖かったのに、日の光を浴びると何事もなかったような安堵を感じていた。音に怯《おび》えていた自分が滑稽にさえ思えた。

その日は宮之浦岳に登ったあと、高塚小屋の近くにテントを張った。避難小屋には何人か泊まっていて、笑い声などが聞こえ、昨晩のような不安は少しもなかった。Aは何の恐怖も抱かず、ぐっすり眠った。

翌朝、Aは縄文杉やウィルソン株などを見て、宮之浦の町に出た。それからタクシーを拾い、宿に向かった。

「山はどうでした」

運転手から訊かれて、緊張から解放されたAは笑いながら答えた。

「山で男の人を見かけたんです。でも、いくら待っても下りてこない。帰るわけもないし、幽霊だったんじゃないかと今でも思ってます」

「この山は入ったはいいけれど、出てこられない人が何人もいるからね。幽霊が出てもおかしくない。あちこちに遭難碑があったでしょ」

「ええ、確かに」

「そういった場所の近くでは出るといいますよ。まさか、その近くでテントを張ったりしなかったでしょうね。平らな場所は昔、荼毘に付したところだといわれていますよ」

「…………！」

Aはとたんに何もいえなくなった。全身に鳥肌が立った。そして、あの遭難碑に立った男はやはり幽霊だったと今さらながらに思った。車の外は南国の太陽の光が溢れているというのに、Aは今まで感じたことのない寒気を感じていた。

（ふらふらしていないで、やっぱり、山小屋を継ごう）

Aはそう決心した。

＊現在、屋久島の山中では、山小屋（無人）泊かその敷地内を除いて、テント泊は容認されていません。

洋上アルプスと呼ばれ、九州でいちばん高い山、宮之浦岳がある屋久島。近年、
世界遺産として注目を浴びているが、山は深く、遭難者も多く、ベテラン向きの山である

第4話　窓辺に座っていた幽霊

とある山小屋常連（談）

「ある年の夏、登山者がみんな出払って、俺が留守番がてら山小屋の二階で昼寝をしていた時のことだけど、寝苦しくて目が覚めたんだ。そしたら……」

とある山小屋の常連が、別の山小屋で体験した話だがと断って語り始めた。

「ふっと、気がつくと、窓辺に誰かが座っているんだ。山小屋の主人はボッカに行っていて留守だから、誰もいないはずだ。泥棒のわけはないし、いったい誰だろうと思って目を凝らすと、男が座っているんだな。俺は思わず息を呑んだよ」

その男はまだ若かった。三十歳前後だろうか、眼鏡をかけていた。横顔はとても寂しそうで、開いていた窓から遠くを見ていた。その常連は幽霊だと思うと、恐ろしさのあまりがたがた体が震えてきた。

幽霊がゆっくりと常連のほうを見た。目があった。背筋が凍るような寂しそうな目をしていた。何かいいたそうな、問いかけたそうな表情だった。そして、立ち上がり、窓辺からこちらに向かってきそうになった。が、常連は咄嗟《とっさ》に手を合わせ、拝むようにした。すると、次第に姿が薄くなり、やがて消えたという。

「あの時は怖くて怖くて発狂しそうだった。異様に空気がまとわりつくような変な雰囲気だった。もし、手を合わせなかったらどうなっていただろう……」

常連は、「急用を思い出した」という手紙を置いて、一目散に山小屋から下り、家に帰った。それ以来、その山小屋には行かなくなった。

山小屋の主人から電話がかかってきて、「最近、遊びにこないけど、どうした」と訊かれたが、まさか、「幽霊が出るから行きたくない」ともいえない。しかたなく、「仕事が忙しいので……」と答え、避け続けているという。

常連は、あの幽霊は誰で、何をいいたかったのだろうかとずうっと考えている。それというのも、その山小屋の前身について小耳にはさんだことがあったからだ。

山小屋の前身は、若い男が経営していた。その山小屋の三キロほど上では、その男の父親が別の山小屋を経営している。つまり親子で山小屋の経営をしていたのである。最初はうまくいっていたが、息子が失恋をして山小屋で自殺をした。それ以来山小屋は閉鎖された。父親は自分の山小屋を経営するのが精一杯で、息子の山小屋を再開することはできなかった。閉鎖したままにしておいたら、あっというまに廃屋になってしまった。

数年後、廃屋の上に新しい山小屋を作りたいと、今の山小屋の主人が現れた。そして父親から権利を買い、山小屋を建てた。その山小屋に幽霊が出たのである。

「おそらく自殺した息子の霊ではないだろうか。今でも顔はよくおぼえている。眼鏡をかけていて、細面で……。もし、確認しようと思えば、父親に息子の写真を見せてもらうか、眼鏡をかけていたかどうかを訊くだけでいい。父親は高齢だが、今でも山小屋を経営しているから、すぐに答えが出る……」

しかし、常連は、こうつけ加えた。

「幽霊と写真が同じだったらどうする。俺には恐ろしくて確かめられないよ」

第5話　看板のなかの顔

とある山小屋主人（談）

とある山小屋で聞いた話としか書けない。

「以前、まだ古い看板を入口の横にかけていた時なんだけれど、知人が、看板のなかに人の顔が出ているというんだ。嘘だろって見たら……」

いつだったか、山小屋の主人がぽつりと話し始めた。

「最初、何が何だかわからなかった。なにぶん古い看板だったものだから。しかし知人が、これが目で、口でと説明すると、急に顔らしきものに見えてきた。俺は、全身に鳥肌が立ったよ」

主人はその時のことを思い出したのだろう、怯えたような顔をしていた。普段、何事にも動じないように見える主人とは思えない表情だった。そして立ち上がると、奥から看板を持ってきた。

「これがその看板なんだが、捨てるわけにも燃やすわけにもいかず、ずうっと奥にしまったままなんだ」

古びた看板だった。主人が山小屋を始めた二十年ほど前に自分で作った看板で、数年前まで掲げていたものだった。

「ここにその顔があるんだ」

そういって××小屋と書かれた「屋」という字の右側を示した。確かに顔らしい形がぼんやりと見える。しかし、木の年輪が偶然に顔の形になったといえなくもない。主人が怯えるのがよくわからないほどだった。

「こんなのよくあることじゃないですか。人面魚みたいに、自然のものが人や動物の形に似ていることなんか。これもたまたま人の顔に似ているとしか思えないですよ」

私は安心させるつもりでいった。しかし、主人は少しも安心したふうではない。

「だったらいいけれど、以前、俺が入る前に小屋番をやっていた人の顔なんだよ」

「本当!?」、思わず声が出てしまった。

「そうなんだ、前の小屋番を知っている人に見せると、不思議なことに、みんな、そうだ、あの人の顔だというんだ。なかには、無念の死に方をしたのでこういうふうにこの世に未練を残しているんじゃないか、という人もいた。妙な話さ」

仮に、前の小屋番をBとしよう。Bはいつ頃からかは不明だが、長年、その山小屋の小屋番をしていた。小屋は、山の主なルートから外れていたために、訪れる登山者は少なかった。当然、収入も少なくなり、ついには食料品も荷揚げできなくなるほどに追い詰められていった。時折訪れる登山者からわけてもらう食料で食いつなぐありさまだった。結局、山小屋のなかでひっそりと亡くなっているのを発見された。それは顔写真入りで地元新聞の記事にもなった。今から三十年以上も前のことである。

その後、山小屋は誰も受け継ぐ人がいず、荒れ放題になっていた。数年後、今の主人が持ち主から山小屋を借り受け、営業を始めた。その時、小屋の持ち主から、Bの話を聞き、さらに新聞記事を見せられた。

「こんなことがあったんですが、いいですか？」と念を押されたが、主人はかまわないといった。まだ若かった主人は、山小屋を経営するのが夢だったのである。夢を叶《かな》えるためならどんな山小屋でもよかったのだ。というよりほかに場所はなかった。

主人は、山小屋をきれいにし、鍋や釜もすべて運んだ。そして、自ら看板を作って掲げた。荒れ放題だった山小屋からすると、格段によくなっていた。自然に登山者が増え、賑わった。それから十年以上も経ったある日、知人が看板を見て、人の顔があるよ、といったのである。見ると、以前新聞で見たことのあるBの顔にそっくりだったのである。

「何だかいつもどこかから見られているようで気味が悪くてね、看板を外そうかどうか迷ったよ。そんな時、たまたま霊感の強い人がいたので相談したんだ」

その人は、看板をじっと見たあと、こういったという。

「これは、確かに前の小屋番の顔です。こうして顔を見せているのは、未練とかではなく、小屋のことが心配で出てきているのです。いわば、守り神のようなものです。心配はいりません」

主人は、真偽のほどは別にして、とにかくほっとした。しかし、看板に顔があるというのは、けっして気持ちのよいものではない。どうしたらいいか訊いてみた。

「いやなら看板を外したらいい。しかし、捨てたり燃やしたりするのはよくない。この山小屋のどこかに安置してあげればよいでしょう。そのうち、成仏して消えると思います」

その助言に従い、看板を奥にしまっておいたわけだ。

「まだ看板に顔があるということは、成仏していないということなんですかね」

私は訊いた。すると、主人が答えた。

「不思議なもので、年々顔が薄くなっているのがわかる。周りは色褪《いろあ》せないのに、顔のところだけ消えていくんだ……」

成仏しつつあるということなのだろうか。

第6話　車のドアを閉めた謎の手

大菩薩連嶺・富士見山荘主人　内木雅彦（談）

もう二十年も前の話である。八月、内木は友人とふたりで谷川岳の壁に登ろうと、夜中に東京の自宅を車で出発した。そして、一ノ倉沢出合《いちのくらさわであい》に車を駐《と》めて夜明けを待つことにした。東京の暑さと違い、清々しい風が吹いていて心地よかった。すぐに眠ればよかったが、内木は友人とウイスキーを飲みながらあれこれと話をした。めったに会えない友達だったので話がはずんだ。

話は何度も脱線し、最後はお化けの話になった。一ノ倉沢というと、何百人も遭難して亡くなっているところである。場所が場所だけに涼感たっぷりだった。内木はウイスキーの勢いも手伝って、どこかで耳にした怪談を話したりした。友人もいろいろと披露してくれた。

しかし、結局、怪談は誰かが作った話にすぎないのではないかということになった。それというのも、以前友人が谷川岳の山小屋に泊まった時、そこのベテラン主人が「今まで何人も遭難した人を見てきたが、一度も霊的なことは体験したことがない」とはっきりといいきっていたからである。

「毎年、夏になると、新聞社の連中などが、何かありますか、と取材にやってくるが、俺は何もないといって追い返す、といってたよ、山小屋の親爺」

友人はいった。きっとそんなものかもしれないな、と内木は思った。

やがて、空が白み始めた。明るくなってふたりはほっとした。それからは車の両側のドアを開けて、友人は助手席の座席を倒し、運転席にいる内木のほうを向くように横になり、さらに話し込んだ。しばらくして、内木は友人が左腕を伸ばし、ドアを閉めるのを見た。涼しいのになぜ閉めるのだろうと思った。

「バタン」

音がしてドアが閉まると、友人は飛び上がらんばかりに驚いた。

「あっ、びっくりした。急にドアが閉まるんだもんな。風でも吹いたのかな」

「自分で閉めて何をいってる。俺を脅《おど》かそうとしたんだろ。驚き方がうまいぞ」

内木の言葉を友人は真面目な顔で否定した。

「俺は閉めてないぞ。横になっていて、どうして閉められる」

友人が手を伸ばしてドアを閉めるのを見ていた内木にすれば、彼が嘘をついているとしか思えない。

「閉めるのを見たぞ」

「いや、閉めていない」

ふたりの間でそんな言葉が飛びかい、一瞬、空気が険悪になったが、友人は身の潔白を示すため、「じゃ、やってみようか」とドアを閉める動作をした。

内木はその様子を見て言葉を失った。腕が伸びてきた方向が違っていたのである。背筋が凍った。そればかりでなく、内木が見た腕と友人の腕とが似ても似つかなかった。友人の腕は無骨だったが、さっきドアを閉めた腕は細くて白い、女性のような腕だったのである。

「………!」

内木は見たままを友人に告げた。話した内木もそれを聞いた友人もパニックになった。

「幽霊はいないといったことに怒って、ドアを閉めたのかもしれないな、幽霊のやつ……」

「やっぱり、いる、の、かも、しれないな」

ふたりともすっかり蒼《あお》ざめてわなわな震えるばかりだった。

その日の一ノ倉沢の登攀《とうはん》を中止したのはいうまでもない。

第7話　人間が怖い

とある山小屋主人（談）

「何が怖いって、人間ほど怖いものはないな」

こういいきったのは、小屋番歴四十年にもなろうとしている、とある山小屋の主人だった。

「俺は確かに幽霊だとかUFOだとかいろいろと怖いものを見たことはあるが、あの時ほど怖い体験はなかった」

その主人が語ったのは、こんな話だった。

ある年の秋のことだ。その日は雨が降っていた。予約が十人ほどあったが、夕方になってやってきたのは五人だった。あとの五人は登山を中止したか、あるいは途中の山小屋に逃げ込んだようだ。かえってそのほうがよかった。予約したからといって無理矢理上がってくる登山者もいたが、それは事故につながるのでやめてほしかった。

しかし、万が一、登ってきていると困るので、主人は夕方、必ず様子を見がてら下の小屋が望めるところまで下りた。

その日も雨のなかを三十分ほど下った。誰も歩いている様子はなかった。安心して山小屋に戻り、客とともに酒を飲んだ。

耳をつんざくような雷が鳴った。登山者の間から悲鳴が上がった。テーブルのコップが揺れたほどだった。相当近くで鳴っているようだ。いくら四十年近く山にいるといっても雷は怖かった。以前、ストーブが火を噴いたことがある。雷が煙突に落ちて、ストーブが炸裂したのである。もし、そばにいたり、触っていたりしたら即死だったろう。失神しそうになったほどである。それはともかく、その後起きたことは、雷どころの騒ぎではなかった。

ふいに、ドアをノックする音が聞こえた。みんなが顔を見合わせた。

「ドアがノックされたようだけど……」、誰かが囁《ささや》くようにいった。

「空耳でしょ。まさかこんな雨のなか山を歩く登山者がいるわけがないもの」、女性客が不安そうな表情で答えた。

「もしかしてシカかもしれない。雨宿りさせてほしいって」

主人の冗談にみんなが笑った。だが、再びノックの音が聞こえると、誰もが押し黙った。

「何てこった！　誰かいるんだ、ドアの外に。もしかしたら登山者かもしれない」

そういうと、主人はサンダルをつっかけ、急いでドアを開けた。そのとたん、激しい雨音が小屋のなかに押し寄せ、雨にけぶる外に人影が浮かび上がった。長い髪が額に貼りつき、両手をまるで幽霊のように胸元でだらりとさせていた。

「ひ、ひぇーっ」

主人が叫んで尻餅をついた。その主人の上に、幽霊が「助けて……」と今にも消え入りそうな声で倒れ込んできた。小屋にいた登山者たちから、雷の時よりも大きな悲鳴が上がった。

山小屋のなかはパニック状態だった。みんなが頭を抱え込んでわなわな震えていた。それからどれくらい経った頃だろう……。

「おい、しっかりしろ。ここで気を抜くと死ぬぞ！」

怒鳴《どな》る声が聞こえた。主人の声だった。それでその女性が幽霊ではなく、雨にずぶ濡れになった登山者だということがわかったのだが、見ると、ザックもなく登山靴も履《は》いていない異様な姿だった。

「おい、仲間はどうした。いるのか？」

「あ、あとふたり、後ろをついてきているけれど、よくわからない……」

女性は息も絶えだえにいった。主人は、その女性をほかの登山者に任せると、雨具を着込んで飛び出した。稲光が光った。放り投げられたリュックや登山靴があちこちに落ちているのが見えた。疲れきって、何もかもいやになり捨ててしまったのである。さらにその向こうに女性がふたりうずくまっていた。

「おい、しっかりしろ」、主人はふたりの肩を揺すった。眠っているのだった。

「こんなところで眠るな。凍死するぞ」

主人はふたりを両脇に抱えると、山小屋に連れ戻った。幸いふたりとも、雷に打たれることも凍死することもなかった。疲労しているだけだった。毛布にくるんでやった。じきに元気になり、「お腹空いた」というほどに回復した。大学生だった。主人は胸を撫で下ろした。

「どうして無理して登ってきた」

「予約したから」

「山小屋は旅館じゃないんだから、いいんだよ、無理しなくたって、あとで葉書の一枚でもくれりゃ……」

「そうだったんですか、知らなかった」

「ったく……」

翌日、三人は完全に元気になった。何事もなくてよかったと思った。しかし、主人には後遺症が残った。

ひとりで山小屋にいる時など、額に長い髪がべったりと貼りついた、蒼ざめてうらめしそうな顔をふっと思い出す。人間だとわかっていても、怖くてならなかった。恐ろしさのあまり、山から駆け下りたくなった。

「何が怖いって、人間がいちばん怖いよ」

それが主人の口癖になった。

第8話　幽霊に助けられた女性たち

日光尾瀬丸沼高原・ペンションコスモスオーナー　萩原弘（談）

萩原が、ペンションを経営している友人のCから聞いた話である。

ある年の晩秋、Cのペンションに泊まった中年の女性登山者三人が日光連山の女峰《にょほう》山に向かった。早く出かけたほうがいいとCが忠告したが、のんびり起きて、食事をして出発した時は、すでに九時を回っていた。山に向かうには遅すぎた。

「暗くなると大変だから、無理だと思ったら途中で引き返したほうがいい」

Cは心配した。

「大丈夫、暗くなるまでには唐沢《からさわ》小屋に着いているから」

三人いるから油断して山をあまくみているな、と思ったCは、女性たちに釘を刺すため、少し脅かしてみた。

「夜になると、唐沢小屋って、幽霊が出るという話だぞ。暗くなりそうだったら無理しないように」

唐沢小屋には旧館と新館があるが、旧館のほうには時々幽霊が出るというもっぱらの噂だった。女峰山はもともと修験の山で、修験僧とその子の悲話にまつわる稚児ヶ墓《ちごがはか》の石仏や、ほかにもさまざまな石仏がある。暗い時に石仏を見て、幽霊と勘違いし、幽霊話が生まれたのではないだろうか。

「えっ、本当？」

そういって驚くのかと思ったら、女性登山者たちは笑い出した。

「知ってる、知ってる。出てきたら抱きしめてやるわ」

強気である。てんで相手にしていない。そして、おしゃべりに夢中になりながら、ペンションをあとにした。

Cはそんな彼女たちの後ろ姿を、ため息をつきながら見送った。大丈夫と思う反面、心配でならなかった。しかし、携帯電話がまだない時で、その後のことはどうしようもなかった。

その日は夕方から冷えた。もしかしたら、山は雪になるかもしれない。大丈夫だろうか。唐沢小屋は無人小屋だが、毛布があるから凍死するようなことはないと思うが、登山道が凍りついていて滑落などしていないだろうか。Cは心配でならず、一晩中、まんじりともしなかった。翌日も仕事をしながら、どうしているだろうか、無事に下山しただろうか、と気になった。

窓から外を見ると、山の稜線が白くなっていた。心配は募った。Cは代表の女性の自宅に電話をかけた。しかし、誰も出なかった。その後も一時間おきに電話をした。やはり誰も出ない。そして、ようやく電話が通じた時は、夜になっていた。聞きおぼえのある声がした。

「××です」

Cは安心して肩から力が抜けていくのがわかった。

「帰っていたんですね。心配だったから電話したんです。まだ帰っていないようだったら、捜索隊を出さなければならないと思っていましたよ」

「何をいってるんですか、そんなばかな」と昨日の調子でいわれるのかと思った。だが、

「それはそれは恐れ入ります。オーナーのおっしゃることをちゃんと聞いておけばよかったです。反省しています」と、しおらしい。昨日、出かける時の雰囲気とはまるきり違うものだった。別人かと思えるほどだった。

「何かあったんですか?」

「ええ、変に思われるかもしれませんが、遭難しそうになって、幽霊に助けてもらったんです」

真面目な口調だった。

「えっ? 遭難しそうになって幽霊に助けられただって? そんなばかな……」

今度はCが笑い出す番だった。

その日、女性三人は、バスで霧降《きりふり》高原まで行った。キスゲ平に着いた時はとっくに昼を過ぎていた。日没までに四時間もない。一瞬、大丈夫かな、と心配が過《よぎ》った。が、懐中電灯もある。暗くなっても大丈夫と思い、進んだ。赤薙《あかなぎ》山を順調に過ぎ、一里ヶ曾根《いちりがそね》も無事に通過した。そして待望の女峰山の山頂に立つことができた。女性同士でバンザイを叫んだ。しか

し、夕暮れが刻々と近づいていた。雨でも降るのか雲行きも怪しい。黒い雲が視界の前に立ちはだかった。唐沢小屋へ早く行って休もう。三人は小屋を目指して山頂から足早に下りた。だが、足早に歩いたのがいけなかったのだろう。どこでどう間違えたものか、唐沢小屋は現れなかった。沢を一本間違えたようだ。何度も同じところを行き来していた。

「どうやら道に迷ったみたい」

リーダー格の女性がいい出した時は、すでに懐中電灯を点けなければならないほど暗くなっていた。

「私たち、罰《ばち》が当たったのかしら。幽霊が出てきたら抱きしめてやるわ、なんて生意気いったから……」

「まさか……。そんなことより、これからどうするかが先決だわ」

「もうこうなった以上は、歩き回らず、ここでビバークしたほうがいいわ。焚き火でもして」

しかし、シュラフは用意していなかった。寒さで凍死しないだろうか。ザックに入っている雨具や服を全部着込んだ。心配が募り、三人とも無口になった。静寂が流れた。下界の物音も聞こえてこなかった。

「どうなるのかしら、私たち」

「ペンションのオーナーのいうことを聞いて、途中で帰ればよかった」

「今さらいってもしかたがない。それより焚き火でもしようよ。マッチ出して、マッチ」

誰も持っていなかった。

三人の口から深いため息が洩《も》れた。

と、その時だった。どこからともなく、奇妙な声が聞こえてきたのは。

「イヒヒヒヒ」

「お前らはどこからきたのだぁ」

恐ろしい声だった。声が山ひだに反響している。今にも闇のなかから幽霊が現れてとり憑《つ》かれそうだった。

「で、出た……」

「ほ、ほんとに出た……」

「や、やめてぇ……」

三人とも怖さのあまりがたがた震えていた。

「ああ、こなきゃよかった。いやな予感がしたんだ」

ひとりが突然、そういって泣き出した。誰もが、そこが死に場所と思ったという。しかし何か変だった。幽霊が現れないどころか、いつしか声に笑いが混じったり、「冗談はやめろよ」「びっくりするじゃないか」などという話し声が聞こえてきたからだった。まるで若い学生が遊んでいるようだった。ドアが開いたり閉じたりする音も聞こえる。

「何、あれ」、それまで泣いていた女性が、ピタリと泣きやんで呟いた。

「もしかしたら、小屋が近いのかもしれない」

「きっと、そうよ、小屋が近いのよ。私たち助かったのよ」

そのとたん、三人は、交互に、「助けてぇ」「誰か助けてぇ」と声のしたほうへ叫んだ。すると、今度静かになったのは幽霊のほうだった。やがて上から声が聞こえてきた。

「大丈夫ですかぁ。道に迷ったんですかぁ」

「明かりが見えますかぁ。今、行きまーす」

見ると、明かりがだいぶ高いところにあった。唐沢小屋は思ったより遠いようだ。懐中電灯の明かりがゆっくりと下りてきた。やがて、学生五人が現れた。中年の女性にとっては、息子のような年頃の学生たちだった。それから無事に唐沢小屋に着いたが、二十分ほども登らなければならなかった。

男たちは大学生の五人組で、時々山歩きをする仲間だった。誰かが「日光の唐沢小屋には幽霊が出るらしいぜ」という話をすると、行ってみようということになり、興味津々でやってきた。そして、夕食後、肝試しに旧館に入って幽霊探検をしていたという。

「幽霊探検をしていて、助けてぇ、なんて下から女の人の声が聞こえてきた時は、本当に出たと思いましたよ。みんなで一瞬、顔を見合わせたほどでしたから」

「今にも死にそうな悲しそうな声が聞こえた時は、呪い殺されるんじゃないかと、心臓が止まる思いでした」

学生たちが次々と話す。

「じゃ、お互いに幽霊が出たと思っていたんですね。しかし、あなたたちが幽霊探検をしていなかったら、私たちはどうなっていたかしらね。幽霊に感謝しなきゃいけないわね」

みんなで吹き出したが、「そうだよなぁ」と誰ともなく呟くと、誰も二の句が継げなくなっていた。

こうして、彼女たちは、一晩寒い外でビバークすることもなく、毛布にくるまって温かく寝ることができた。

翌朝、窓が白かった。ドアを開けると、周りは一面の銀世界だった。二十センチも積もっていた。

「もしビバークしていたらどうなっていたかしら、私たち」

三人とも顔を見合わせた。そして、同時にいった。

「やっぱり、幽霊に助けられたんだ、私たち……」

第9話　甲斐駒ヶ岳の幽霊

とある登山者（談）

昔、誰かから聞いて怖いと思った話にこんな話がある。南アルプスの甲斐駒ヶ岳《かいこまがたけ》に登り、山小屋に泊まった時である。夕食後に時間を持て余した登山者が自然と集まり、怪談話になったのだろう。そんな時に出た話である。

途中に山小屋があった。今はもうなくなり、新しい小屋になっていると思うが、お年寄りの人が小屋番をしていた。その小屋番にファンが多く、よく泊まっていた。みんなで酒を飲みながら楽しく話していたが、やがて、その小屋番が、急に真面目な顔になって、「いらした」といい、手を合わせた。知らない人は「誰が？」と聞いたが、知っている人は居住まいを正して、手を合わせた。それを見て、知らない人も何だかよくわからないが、手を合わせた。

やがて、小屋番はお経を唱え始めた。次第に力が入った。寒いのに額に汗が浮き出ていた。やがて、お経が終わった。「お帰りになられた」といった。知っている人は、よかったという顔をして、また、酒を飲んだ。知らない人は「いったい、何なんですか」と怯えて聞いた。小屋番はこういった。

「以前、この山で遭難した人の霊ですよ。毎晩のように訪れてきます。まだ、自分が死んだと思っていないようです。くるのがわかるんです。ここにきて、しばらく座っていて、やがて、帰るんです。お経を唱えると、ほっとした顔をしています」

「どこへ帰るんですか」

「この尾根の下に大きな岩があるでしょう、あそこです。以前、その近くで遭難しましたが、引き取り手がなく、そのそばに埋めています。ずうっとそのままですから、寂しいのでしょう」

その話が本当かどうかはわからないが、小屋番が、入ってくるのがわかるんですよ、といったのが何とも怖かったとその人がいったことを今でも覚えている。

甲斐駒ヶ岳の遠望。山頂付近は、午後になると、濃霧が発生しやすくなり、
足元の花崗岩の白さと相まって道に迷いやすくなる

第10話　避難小屋の怪

避難小屋の怪というと、まずこんな話を思い出す。

夕方近く、ひとりの登山者がある避難小屋に入った。すると、先客がいた。板敷きの部屋の奥に、シュラフに入って寝ているのである。避難小屋のいちばんよい場所だった。避難小屋の場所取りは、早くきた者勝ちなのである。

登山者は黙って入っていくのも失礼だと思い、「こんにちは、お邪魔します」と声をかけた。しかし、その先客は熟睡しているのか、何の返事もなかった。しかたなく、起こさないように静かにザックを下ろした。それから音を立てずに食事をしたり、地図を見たりした。そのうち起きてくるものと思ったが、先客はずっと寝てばかりだった。つまらなくなって登山者も寝てしまった。

翌朝、目が覚めた。朝日が避難小屋に差し込んでいる。天気がよさそうだ。シュラフの登山者はと見ると、まだ寝ている。相当疲れているようだ。食事をすまして避難小屋を出る時もまだ起きてこない。「失礼します」と小声で挨拶して山小屋をあとにし、山道を歩き始めた。

しばらくすると、警察やら消防団やら大勢の人たちが登ってくるのに出くわし、道を譲った。

「昨日、あんたどこに泊まったんだね」

警官が訊いてきた。

「上の避難小屋ですが」

すると、こういうのだった。

「部屋の隅に、シュラフに入れられた遭難者の遺体があったと思うが……」

この手の話は怪談話ではよくある。おそらく作り話であろう。避難小屋はそんな話が作りやすい場所なのである。しかし、それは極端な例としても、避難小屋にまつわる話はいろいろあるものである。

これは知人が体験した話である。

その日、知人はひとりである避難小屋に入った。小屋には土間と板敷きの部屋があった。板敷きの部屋には蚕棚《かいこだな》式の寝床があり、上にも寝られるようになっていた。知人は室内を見回した。幸い、小屋の隅にシュラフにくるまれた遺体はもちろん、蚕棚の上にも人っ子ひとりいなかった。知人は蚕棚の上に陣取って、食事をした。心細くて、誰かこないかと思ったが、夜になっても誰もこず、そのうち眠くなり寝てしまった。

どれくらい経ってからだろうか、知人は話し声で目が覚めた。時計を見ると、八時頃だった。

（ずいぶん遅く着いたものだな、道にでも迷ったのかな？）

知人は、彼らに急に声をかけ脅かしてはいけないと思い、音を立てずに寝床から覗《のぞ》いた。するど、土間で五、六人の登山者が蠟燭を囲みながら食事をしていた。大学生のようだった。知人は心なしかほっとした。そして、男たちにどのように声をかけたらよいかと機会をうかがいながら、じっと見ていた。すると、男たちのなかのひとりがたまたま顔を上げた。知人と目が合った。その男の表情がみるみる変わって、知人を指差し、叫んだ。

「で、出たぁ」

それから後ろにひっくり返って気絶してしまった。ほかの男たちも知人のほうを見て、「で、出たぁ」と口々にいい、がたがた震えた。

知人は自分が幽霊と勘違いされたことを知り、急いで土間に下りた。

「ぼ、僕は登山者ですよ。ただ上で寝ていただけです。安心してください」

顔の前で手を振りながら弁明した。すると、すぐに安心したらしく、学生たちはほっとした表情になった。

「蠟燭の光に顔がぼうっと浮かんでいて、まるで幽霊のように見えたものですから、驚いてしまいました。心臓が止まるかと思いましたよ」

「そうですか、それはすまなかった。ちゃんとした生身の人間ですから安心してください」

「よかった。じゃ、みんなで酒でも飲みませんか。地酒を買ってきてあるんですよ」

学生のひとりが知人にそういった。

「それはいいですね。ご馳走になります」

「よかったらお連れの方も呼んでください。一緒に顔を出されていた女性の方も」

「えっ、女性の方？」

今度は、知人のほうが気絶する番だった。


今は建て直しされ、ログハウスふうのおしゃれな避難小屋になった奥多摩の鷹ノ巣《たかのす》山避難小屋だが、かつては幽霊が出たとかいろいろな噂があったものである。私自身体験したことにこんなことがあった。

冬のある日、ひとりで鷹ノ巣山避難小屋に泊まった。もう暗かったが、雪明かりで懐中電灯を点けずに歩けた。避難小屋はブロックを積んだ平屋だった。針金入りの窓にひびが入り、しかも鉄の戸を開けると、ギ、ギ、ギと音がして、まるで幽霊屋敷のようだった。

それでも避難小屋に入ると安心でき、土間にある椅子に腰をかけた。しんしんと冷えてくるのがわかった。土間の隅に小さな暖炉があった。新聞紙を燃やして暖をとった。その光で見渡すと、この避難小屋には土間ひとつしかないことがわかった。ブロックで囲まれた寒々とした土間だった。やがて、火が消え、暗くなった。よけい寒くなった気がした。鷹ノ巣山から富士山の写真を撮るためとはいえ、何を好きこのんでこんなところにいるのだろうと思ったものだ。早くシュラフに入って寝るしかない。

そう思っていると、壁から何やら話し声が聞こえてきた。誰もいないはずの避難小屋から人の声が聞こえてくる。私は、出たと思った。体を硬くした。心底恐ろしかった。しかも声がこちらに近づいてくるのだった。私はあとずさった。すると、壁から男の姿が浮き出てきた。呪い殺されると思った。

「うわっ、く、くるなぁ」

私は思わず叫んだ。そのとたん、幽霊がしゃべった。

「どうかしましたか？」

暗がりのなかにいるのは、生身の人間だった。

（なんだ、人間か……）

私は安心したが、心臓の鼓動は早鐘を打つようだった。

「て、てっきり幽霊が出たとばかり思ったものですから」

「幽霊なんかじゃないですよ。普通の登山者ですよ」

その時間の何と長かったことだろう。ほんの数秒のことだったが、何分にも思えたものである。

あとでわかったことだが、鷹ノ巣山避難小屋は、土間の隣に板敷きの部屋があったのである。しかし、ドアなどはなく、壁がずれている造りだった。そのため土間から見ると、壁が一枚のように見え、隣室がないように思われるのだった。そのことを知っていれば何ら問題はないが、知らないと、壁から声が聞こえたり、さらには壁から人が滲《にじ》み出てくるように見えるのである。

今でもあの時の恐怖は忘れられない。それからは、避難小屋も日のあるうちに早く着いて、構造をきちんと確かめてから寝るようにしている。

II

人智を超えるもの

第11話　浮かび上がる遭難遺体

中央アルプス・ホテル千畳敷元山岳対策支配人　木下寿男（談）

「登山者を見ると、この人は、遭難しそうだな、死にそうだな、というのがすぐにわかります。どんなに元気そうにしていても、その人の背後に霊のようなものが見えるからなんです」

こういったのは、中央アルプスは千畳敷《せんじょうじき》で登山者の指導にあたっていた木下寿男である。何とも寒気のする話であるが、木下は、霊能者でも呪術者でもない。今は退職してしまったが、長年、ホテル千畳敷で山岳対策支配人を務めた人で、渾名《あだな》は「鬼軍曹」。山をあまくみる登山者はそう呼んで怖れ、山を愛する登山者はそう呼んで敬愛していた。

ちなみに、木下は十三歳の時に初めてひとりで木曾駒ヶ岳《きそこまがたけ》に登って以来、南アルプスの甲斐駒ヶ岳から光岳《てかりだけ》まで社会人として初の冬期縦走を成し遂げるなど、五十年以上の登山歴がある。二十歳頃から山小屋で働くようになり、従業員、管理人として従事するかたわら、遭難救助にも活躍してきた。引退するまでに遭難現場から担ぎ上げた人は、遺体も含めて五百人以上にのぼるという。

それにしても、登山者の背後に霊が見えてしまった時はどうするのだろうか。木下は「顔色が悪いですよ、睡眠不足じゃないですか。今日は登山は中止したほうがいいですよ」などといって登山をやめさせようとする。

しかし、いうことを聞いてくれる人はまずいない。それもそのはずだ。たいていの人は、これから登る山を楽しみにしているのだ。あまりしつこくいうと、喧嘩《けんか》にもなりかねない。以前、やはりやめたほうがいいと指導したにもかかわらず、「若い頃に登っていたから自信がある。あんたなんかにとやかくいわれる筋合いはない」と激怒した人がいたが、数時間後、遭難の一報が入った。急遽《きゅうきょ》、現場に向かうと、その人が亡くなっていた。

(もっと強くいえばよかった……)

改めて思ったが、時すでに遅しだったのである。ほかにも、注意したにもかかわらず、やはり強引に登ってしまい行方不明になった人もいた。長らく見つからず、発見された時はすでに白骨化していた。遺体は、手を伸ばし木に摑まろうとしていたのがわかった。遭難して、助かろうと懸命に手を伸ばしていたのである。何とも哀れな姿だったという。

木下は、背後に霊が見えるだけでなく、遭難者の遺体がどこにどのようにしてあるかということもわかった。

「遭難者がどこで倒れているかというのが、うすうすわかります。そして、だいたい見当をつけて現場に立ってじっと見ていると、遺体の姿が映像になってふわーっと目の前に浮き上がってきます」

そのとたん、木下は、同行している遭難救助隊員に、「この下にいるから捜せ」と命令する。実際に捜索してみると、倒れた格好も衣類も映像と同じ姿で発見される。

「自分でも不思議ですが、見えるからしかたがない。本当は、生きているうちにどこにいるかわかるのがいちばんよいのですが、見えるのは遺体の時ばかりです」

引退後、「鬼軍曹」は地元の小学生や中学生が中央アルプスを歩く時に、指導にあたっている。その時、いつもこう語りかけている。

「中央アルプスはロープウェイで簡単に登れますが、なめてかかると、簡単に遭難してしまう山です。便利になったからといって、山の自然が緩和されたわけじゃないことを忘れないように」

第12話　夢に現れた遭難現場

北八ヶ岳・黒百合ヒュッテ主人　米川正利（談）

昭和三十年代、米川正利が、母つねのの亡きあと、二代目小屋番として黒百合ヒュッテを受け継ぎ、ようやく仕事に慣れた頃の話である。米川はまだ二十七、八歳だった。

秋口のある日、突然、山小屋に諏訪警察署員と遭難防止対策協会の救助隊員らが大勢でやってきた。

「どうしました」、米川は訊いた。

救助隊長が「北八ヶ岳で遭難したらしいと捜索の依頼があり、こうしてやってきましたが、何か心当たりはありませんか」と一枚の写真を見せた。写真には中年の男が写っていた。米川には見おぼえがあった。一週間ほど前に黒百合ヒュッテに泊まり、翌日、天狗岳に向かうといって山小屋をあとにしていたからである。

「この人なら知っています。確かにうちに泊まりました。天狗岳に向かったはずです」

「それはありがたい情報です。これで捜す範囲が狭められました。ありがとうございました」

救助隊長は頭を下げ、隊員たちとともに天狗岳に向かって歩き始めた。その時、米川はふっと昨晩見た夢を思い出した。それは天狗岳の茅野《ちの》側にある洞窟の夢だった。比較的大きな洞窟で、荒天の時は登山者が避難場所によく使っていたところだった。夢に、その洞窟のなかで男が倒れ、下半身が外に出ている映像が現れていた。

米川は、救助隊員の背中に声をかけた。

「当たるかどうかはわかりませんが、天狗岳の茅野側の洞窟を捜索してみてください。もしかしたら、そこにいるかもしれません。洞窟で男の人が倒れている夢を見たものですから」

「夢？　ですか……」

隊長は振り返って訝《いぶか》しそうにいうと、隊員同士で「夢で見たんだってよ」「そんなのにかまってられないよな」と呟いているのが聞こえた。なかには首を傾《かし》げ、冷笑している隊員もいた。それが普通の反応であろう。米川自身もそう思っている。しかし、見た夢をそのままいうしかないし、たまたま当たったとしたら、不思議なこととはいえ、救助に一役買ったことになるではないか。当たらなかったら当たらないでしかたがない。米川はそう思って救助隊員を見送った。

それから数時間後のことである。救助隊員たちが遭難者の遺体を担架に載せて下りてきた。

「どこで見つかりましたか？」米川は訊いた。

「それが、米川さんがいったとおりの洞窟のなかで、しかも下半身が外に出ていました」

「夢が当たったんですね。早く見つかってよかった」

米川は、夢で見たとおりだと思うと、改めて自分でも不思議でならなかった。

米川は、隊員たちに「すごい」「これからも遭難の時は教えてください」と感謝されるのかと思った。だが、救助隊員たちの米川を見る目は一様に冷たかった。なかには「お前が殺してそこに置いたんじゃないのか」と面と向かっていう隊員もいた。

（なにぃ、この野郎）

米川はあまりの暴言に腹が立ち、怒鳴りつけたくなったが、相手は年配者ばかり。ぐっと気持ちを抑えて話した。

「私は霊感が強いんだ。人が死ぬと夢に出たり、金縛りにあって動けなくなったりする。今回もそのひとつにすぎない。見た夢を思い出して、親切心で正直にいったのに、お前が殺したはないだろうが」

米川の剣幕に救助隊員たちは驚き、すごすごと帰っていったが、米川の気持ちはおさまらなかった。

それにしても夢に見た場所で遺体が発見されるのはなぜなのか、米川自身にもわからない。もともと霊感は強くなかった。強くなったのは、その数年前のことだ。ある大学で人類学の調査をするために、三か月間インドへ行くことになった。米川も誘われ、調査旅行に参加していた。パトナ、デリー、アグラ、ジャイプルなどを回った。そんなある日、巨大な火の玉を見た。自分に向かってくる大きな火の玉だった。いったい何だろう。そう思っているうちに頭上をかすめるように去っていった。インドは不思議なことが起こるところだと思った。

三か月後、日本に帰ると、母つねのが五十七歳で急死していた。米川が山小屋を留守にしていた間、母親がひとりで小屋番をした無理がたたったようだ。

「その時、あの火の玉は母親だと思いました。母親は遠いインドまで私に会いにきてくれたんです。それ以来です、霊感が強くなったのは。遭難現場をいい当てたり、親しい人が死ぬと一晩中苦しくなり、誰かが亡くなったことがわかるようになりました。遭難した人は山小屋の小屋番に助けを求めて、夢を見させるのだと思います。一度、三日三晩も苦しまされ、どんな大物が亡くなったのかと思っていましたが、その時、仲のよかった登山家の長谷川恒男さんの顔が浮かびました」

翌日、テレビで長谷川恒男が遭難したニュースが流れた。

「私に会いにきてくれたのだと、今でも思っていますよ」

第13話「拝み屋さん」の予言

南アルプス鳳凰三山・南御室小屋元主人　小林三郎（談）

山梨県韮崎《にらさき》市在住の小林三郎は、昭和二十三年から汁垂《しったる》ヒュッテの小屋番をはじめ、南御《みなみお》室《むろ》小屋、薬師岳小屋を経営してきた根っからの小屋番だ。息子の賢《さとし》が長じると仕事を任せたが、その後も白鳳《はくほう》荘、甘利《あまり》山グリーンロッジの管理人になり、同ロッジを退職したあとも、甘利山の登山道、レンゲツツジなどの手入れを続け、八十六歳まで働いた。

その小林の長い小屋番生活のなかで忘れられないことがいくつもあるが、なかでも不思議だったのは、小林が五十歳になったばかりの頃に体験したことだ。今から四十年以上も前の昭和三十年代後半の出来事である。

八月三十一日、山には秋風が吹き始め、登山者も少なくなった。小林は、手伝いの人に任せて南御室小屋を下りた。自宅に帰るために苺平《いちごだいら》から大ナジカ峠を経て千頭星《せんとうぼし》山、甘利山を下っていった。やがて、自宅に近い椹池《さわらいけ》までくると、池で工事をしていた人たちがいたが、何か様子が変だ。

「どうかしたんですか？」

「甘利山、千頭星山に登るといって出かけた東京の学生が下山予定の日になっても帰ってこないので、明日から捜索に入るらしい」

「その道は、今通ってきたばかりだけど、これといって何も気づかなかったな」

家に着くと、連絡がきて、小林も捜索隊に加わることになった。翌日から韮崎市の警察が中心になり、四十五人態勢で捜すという。当日、甘利山に集合すると、捜索隊長が方針を説明した。

「捜索は、さまざまな状況判断から千頭星山、大ナジカ峠方面から北側へ向かい、小武川《こむかわ》方面を捜すことになりました。二重遭難を起こさないよう、くれぐれも気をつけて捜索願います」

「了解しました」

小林が靴紐を締め直していると、顔見知りの隊員がため息をつきながらこういった。

「遭難者の家族に捜索を依頼された時に、鳳凰三山《ほうおうさんざん》に向かって左側、つまり南側の崖を主に捜してほしいと頼まれたそうだ。家族がよほど山に詳しいのかと思ったら、息子の安否を心配した親が、いわゆる〝拝み屋さん〟に見てもらい、そういわれたというんです。山にきたこともなく、地図を見ただけらしいんですが、何がわかるというんでしょうかね」

小林は思わず吹き出しそうになった。しかし、子供を心配するあまり、非科学的だが、民間信仰というのだろうか、「拝み屋」を訪ね、指示を仰ぐというのもわからないでもなかった。

「しかし、なぜ、北側ではなく、南側なのだろう」

「さあ……」

やがて、捜索開始の号令がかかり、小林たちは歩き始めた。甘利山を越え、千頭星山に入り、大ナジカ峠に差しかかった。小林は、大ナジカ峠から金山沢《かなやまざわ》方面を覗いてみた。捜索する反対側の南斜面である。

（もしかしたら、金山沢に迷い込んだのでは……）

いやな予感がした。金山沢にはかつて芦安《あしやす》に続く道があったが、数年前に集中豪雨で土砂崩れが起き、歩ける状態ではなかった。

（ここで迷ったらひとたまりもないな。落ちていなければいいが……）

小林はそう祈るようにして、すでに北側斜面を下りはじめていた捜索隊のあとを追った。

その日、遭難者は発見できず、隊員は青木鉱泉に泊まった。翌日、さらに翌日と三日間捜索したが、結局は見つからず、捜索は終了してしまった。

明けて正月五日、小林は夜叉神峠《やしゃじん》から南御室小屋に行こうとして、芦安を通った。すると、河川工事にきていたある兄弟に出会った。立ち話をしているうちになぜか意気投合して山小屋に一緒に行くことになった。

金山沢から入り、大ナジカ峠に抜け、それから南御室小屋に行く予定だった。道は崩れて急斜面だったが、雪があるので歩けると思った。順調に登って、しばらく経った時のことだ。岩場に白い布切れがひっかかっているのが見えた。

（いったい何だろう……）

小林が急坂を登っていくと、遺体が横たわっているのが見えた。上から相当激しく落下したらしく損傷が激しかった。小林は、急遽、山を下り、警察に通報した。服の色などを説明すると、夏に行方不明になった東京の学生に間違いないことがわかった。小林が大ナジカ峠に立ち想像したことが、そのまま起きてしまったのである。

翌日、警官たちと再び現場に行き、遺体を背負子《しょいこ》にくくりつけて下ろした。そして、中腹の平らになっているところで荼毘に付した。その時、小林はふと夏に隊員がいっていたことを思い出した。

鳳凰三山に向かって左側、つまり南側の斜面とは、まさに遺体を発見した斜面のことではないか。

「拝み屋さんの予言が当たったことになる……」

そう思った瞬間、思わず小林の背筋が寒くなった。

第14話　血を引く

北アルプス・太郎平小屋主人　五十嶋博文（談）

五十嶋《いそじま》博文は、高校を卒業すると同時に、父、文一が経営していた太郎小屋（太郎平小屋の前身）に入った。昭和三十三年のことである。以来、現在に至るまで五十年近く小屋番人生を送ってきた。それとほぼ同じ期間携わってきたのが、遭難救助活動である。正確には昭和四十五年に自ら作った薬師岳方面遭難対策協議会という山岳救助隊で、発足当時から現在まで隊長として活躍している。

「一年に十二、三回は出動しました。今まで合計すれば、三百回は出動したことになります。生きて助けたこともあれば、残念ながら遺体となり、担ぎ下ろすことも二十回はありました」

数多い救助活動のなかで未だに忘れられないことがあるという。

「そのどれもが、隅々まで捜したけれど、手がかりが摑めず、もう諦めなければならないといった状況の時でした。そこへ肉親がやってきて捜すと、なぜか見つかるのでした。一回ならまだしも三回もありました。それも山慣れた人ではなく、山に登ったこともないような人ばかりでした。地元の言葉では、血縁関係のことを〝血を引く〟といいますが、肉親はいざとなると、他人には理解できない能力を発揮し、遺体を見つけ出してしまうのだろうか、と未だに不思議なんです」

初めは、昭和三十八年一月、薬師岳で十三人もの学生が死亡した愛知大学の大量遭難の時だった。一行は一月一日に太郎小屋を出発して、薬師岳に向かった。しかし、運悪く、吹雪になり引き返したが、その後に行方不明になったようだ。さっそく救助隊が組まれ、まだ二十四歳と若かった五十嶋も現地へ向かった。隊のなかには剱沢《つるぎさわ》小屋の主人で「剱の大将」と呼ばれ、遭難救助活動で多大な功績のあった佐伯文蔵も参加していた。しかし、中旬から雪が降り続け、捜索は困難を極めた。「三八《さんぱち》豪雪」と呼ばれた降雪で、二週間も降り続け、各地に被害をもたらした。

その後も大量の人員とヘリコプターを飛ばして捜索したが、なかなか発見には至らなかった。三月に入り、ようやく七人が発見され、さらに五月に四人、合計十一人が遺体で発見された。遺体は現場で荼毘に付された。しかし、残りのふたりは雪庇《せっぴ》を踏んでどこか沢にでも落ちたのか、見つからなかった。

遭難者のひとりの父親Tは、捜索隊に加わり、ともに捜した。山に不慣れなのに、息子の姿を一目見たいと名古屋から駆けつけ、懸命に捜した。放っておくとひとりででも山に入りそうなので、単独行動はしないと大学から約束させられたほどだった。Tは地下足袋を何足も履き潰した。

八月のお盆に、大学や救助隊の人たち八十人で捜索した。これで見つからないと捜索は打ち切る予定だった。Tも了承した。十二時間捜し続けた。しかし発見できなかった。

さらに十月、諦めきれないTは、これが最後と、五十嶋と佐伯文蔵らを伴って現場を訪れた。文蔵に案内されて、それまで捜さなかった沢まで下りた。

「これで見つからなかったら最後の最後にしよう。そろそろ雪も降ってきて危なくなるから」

文蔵がいった。Tは頷《うなず》いたが、なぜかみんなと違う方向に歩き出した。

「そっちに行くと、岩場になり危険ですよ」

しかしTは、人が変わったように、まるで何かに惹《ひ》かれるように歩いていった。

しばらくすると、Tの「骨がある」という声が聞こえた。みんなが駆けつけた。確かに人骨が横たわっていた。

「でも、これは息子の骨ではない。もうひとりの子のものです。息子は近くにいるような気がする」、断定するようにいうと、Tは今度は岩の上に登っていった。

「危ないですよ、気をつけてください」

五十嶋はTのあとを追いかけた。Tは止まろうともせず、惹きつけられるように登っていき、やがて足が止まった。足下には遺体があった。

「ああ、お前はやっぱり死んでいたんだな」

Tは遺体の前でひざまずき、呟いた。遭難してから十か月ぶりの発見だった。遺体が身につけていた手袋にTの名字が縫いつけられていた。確かにTの執念が実った発見だった。しかし、五十嶋は、執念という言葉だけでは説明できない、血を引いた肉親にしかわからない何かがあると思った。

その時以来、五十嶋は、今後悲惨な遭難を繰り返さないためにも、遭難救助隊の充実を訴えた。それが昭和四十五年に発足した私設遭難救助隊、薬師岳方面遭難対策協議会につながったのである。

二度目に「血を引く」ということを強く感じたのは、昭和四十六年のことだった。その日は黒部一帯に集中豪雨が襲い、何事もなければいいがと思っていた。そんな矢さき、黒部湖で遭難が発生したと連絡が入り、五十嶋は、捜索隊を組んで現場に向かった。

事故は黒部湖に流れ込む沢で起きた。京都の嵯峨野《さがの》から登山にきていた高校生のパーティのうち、ひとりが沢筋で足を滑らせて行方不明になったのである。沢から流されていくと、黒部ダムに入り、ダムの底に沈んでしまうことになる。そうならないうちに、捜索隊は船を出して懸命に捜した。しかし、なかなか発見できなかった。しかも雨が降り、周りの山からの土砂の崩落が激しく、危険を伴った。時折、捜索隊の近くに巨大な岩が落ちてきたりもした。捜索は困難を極めた。

遭難が起きて五日目のことだった。行方不明の高校生の母親が黒部ダムまでやってきた。

「息子はもう亡くなっていると思います。でも、息子が亡くなったところを見て、せめてその場所の石をひとつ拾って帰りたいと思います」、母親は涙ながらにいった。

黒部ダムの遊覧船発着所から船に乗った。嗚咽《おえつ》をこらえながら何度もハンカチで涙を拭っている母親の姿が哀れだった。やがて、船が別の発着場に着いた。

「岸辺を少し歩かせてください」

五十嶋は危険だと思ったが、少しくらいならいいだろうと、無言で母親の後ろをついていった。その間にも周囲の山から不気味な落石の音が聞こえてくる。集中豪雨で相当地盤が緩《ゆる》んでいるようだ。高校生の遺体もどこかで土砂の下になっているのだろうか。

五十嶋は、無言で立ち止まった。母親は、気配でもう戻らなければならないと感じたようだが、「ええ、もう少し、もう少し歩かせてください」とさらに歩を進めた。前方で岩が崩れる音がした。

「引き返しましょう」

「せめて、もうほんの少し。すると、何だか……」

母親は呟き、歩き続けた。立ち止まっている五十嶋の、十メートルほど先に母親はいた。

母親は、屈《かが》んで小石を拾った。ようやく戻る気になってくれたようだ。そして、立ち上がろうとした時、「あっ」と小さな声を上げた。何かを凝視するように体が動かなくなっていた。けがでもしたのだろうか。五十嶋は駆け寄った。

「あそこに指が見えています。息子の指です」

そういわれても、五十嶋にはわからなかった。悲しみのあまり、石を指と間違えたのだろうと思った。母親はひざまずくと、両手で小石を取り除き始めた。すぐに手が現れた。

「まさか、そんなことがあってたまるか……」

五十嶋が急いで掘り返すと、それは高校生の遺体だった。これも母親の執念による捜索の結果に違いないのだろうが、いったいどうすれば、数多《あまた》の小石のなかから指を捜し出せるというのだろうか。単なる偶然の重なりとはいえない何かがあるのではないか、と五十嶋は改めて思うのだった。


三度目に「血を引く」ということを経験したのは、五十嶋の伯母が遭難した時だった。昭和四十八年五月のことだ。

五十嶋の伯母は山菜採りをして、それを店に卸《おろ》す仕事をしていた。山菜の時期、時間のある限り、自宅のある本宮から美女平《びじょだいら》に行き、朝から夕方まで山菜採りをしていた。

その日、伯母は夕方になっても帰ってこなかった。もしかして道に迷ったか、熊に襲われるかなどして、遭難したのではないか。五十嶋に伯父から連絡が入り、すぐさま救助隊を出すことになった。翌朝から、警察犬も使って、美女平一帯を隈なく捜した。

「それこそ、伯母が行きそうなところをしらみつぶしに捜しました。しかし、手がかりは摑めなかった」

三日間捜し続けたが、結果は同じだった。

東京でサラリーマンをしている伯母の息子が、心配して自宅に戻ってきた。息子は、まだ見つからないと聞くと、肩を落とした。

「じゃあ明日から俺も捜す」

しかし、息子は母親と違い、山菜採りはもちろん、山歩きなどはしたこともなかった。どこをどう捜したらいいか見当もつかないというのが正直なところだった。

「とにかく、千丈ヶ原《せんじょうがはら》へ行ってからにしよう」と五十嶋。

四日目の朝、息子は五十嶋の車に乗せてもらい、千丈ヶ原に向かった。そして、現場に着いたとたん、勝手に歩き始めていた。その日、捜す予定の場所とは方向が違っていた。

「そっちに行ったら岩場で危ないし、山菜もないから、伯母さんが行くわけがない」、五十嶋はいった。

「でも、何だか、こっちに行くといそうな気がするんだ」

息子はどんどん進み、岩場を一歩ずつ登っていった。そして、とうとう仰向けになって死んでいる母親を見つけたのだった。歩き始めてから一時間も経っていなかった。あっという間の発見だった。

五十嶋は次のように回想する。

「発見した時は、信じられなかった。大勢の人が捜し、さらには警察犬を使っても見つからないというのに……。山もこれといって好きではない息子が、ひょっこり帰ってきて捜し出してしまうなんて、やっぱり血を引いた者にしかわからない何かがあるんだろうなと、その時もつくづく思ったものですよ」

第15話　霊が見える人たち

とある民宿女将（談）

富士山の北西裾野に広がる青木ヶ原の樹海。自殺の名所といわれ、ここで迷うと二度と出てこられなくなる可能性があることで知られている。

この青木ヶ原の一画に民宿が集まっているエリアがある。数年前の夏、ここのとある民宿に泊まった。雑誌の取材で編集者と出かけた時のことだ。編集者は何度かきているらしく、でっぷりと太った女将《おかみ》と親しげに話をしていた。明るい感じがよかった。民宿のなかに女将の笑い声がこだましていたほどだ。

夜、玄関に出てひとりで涼んでいると、女将が出てきて、道路のほうを見ながら、「今日も出歩いていないだろうね」と呟いた。

（何が出歩いているのだろう）

私は気になった。すると、女将が「あら、やっぱり今日も出歩いている。何人か出ているよ」というのだった。

「アベックでも出て、いちゃいちゃしているのですか」、私は訊いた。そして、道路のほうを見た。民宿と民宿の間に道路が真っ直ぐ延びていた。ところどころに外灯が点いていて、道路の遠くまで見渡せた。しかし、そこには誰もいなかった。

「誰も歩いていないじゃない」、私はいった。女将は、相変わらず笑いながら、「この世の人じゃない人、青木ヶ原で死んだ人が歩いているんだ」と答えた。

「えっ、嘘でしょ」、私は女将が冗談をいっていると思った。

「嘘じゃない、嘘じゃない。夜だけじゃなくて、昼間も歩いている。信じられないだろうけど、私には見えるんだよ。今だって、ほら、ひとり、ふたり、三人……歩いている」といいながら目で数えている。私は改めて目を凝らしたが、猫の子一匹見えなかった。

「俺は信じないね、そんなの。女将さん、俺を驚かそうとしていっているんでしょ」

「信じなきゃ信じなくていいけどさ。だけど、見えるものはしかたがない」

話が変な方向になってきたなと思った。そこへ一台の車が停《と》まった。なかから女の人が降りてきた。女将の妹だった。彼女もでっぷり太っていてよく似ていた。車から荷物を降ろしながら、「もう危なっかしくて困っちゃうな、あの人たちには。もう少しで轢《ひ》くところだったよ」と怒っている。

「急に出てきたりするだろ、あの人たち。困ったもんだよ」

歩行のマナーの悪い人のことをいっているのだろうと思った。だが、女将の言葉で私は凍りつき、言葉を失った。

「まだ自分が生きていると思っているんだよ、あの人たち。こっちのことは気にせずに歩いているけど、こっちには見えるから、クラクションを鳴らしたり、停まったりしてやりすごすんだ。それで轢かなくてすんでいる」

「私も轢いたことはないけど、轢いたらどうなるんだろうね」

「さぁ……」

姉妹はそんな会話をしていた。

(何という姉妹だ。この人たちのほうがよっぽど不気味だ……)

申し訳ないが、私は内心そう思った。

やがて、妹は荷物を運び終わり、女将も「洗い物をしなきゃ」といいながら、一緒に家のなかに入っていった。私はありえないことだと思いながらも、急に寒気を感じ、後ろを振り返りながら、逃げるように部屋に戻った。

部屋では編集者がテレビを見ながら、ビールを飲んでいた。

「ここの女将さん姉妹は霊感があるようで、外を歩いている幽霊が見えるらしい。どうせ冗談だろうけれど」

編集者は別段驚いたふうもなく、「そうらしいね、前に女将さんから聞いたことがある」と頷いた。

「本当ですかね」

「さぁ、本当かどうかはわからない。俺も信じちゃいないけれど、以前、同じようなことをいうカメラマンがいたな。だから見える人には見えるんだろうなと思っているよ。そのカメラマンは……」

編集者はこんな話をした。

そのカメラマンはよく働く男だった。気が利き、車で編集者を自宅まで送り迎えしてくれ、仕事がやりやすかったという。しかし、時々、奇妙なことをやったり、口走ったりした。

「地方の取材で、夜、旅館に入ると、窓から真っ暗な外をじっと見ているんだ。それから、変なものが見えると呟く。しかし俺には何も見えない。何がいるのかと訊くと、霊です、霊が歩いているっていうんだ。人に悪さをする霊がいるけれど、ここのは大丈夫だって。そんなことが何回かあった。そればかりじゃなくて、夜道を車で走っている時、急ブレーキを踏んで、ああ、轢くところだったとびっくりしている。何か動物が飛び出したのかと訊くと、いいえ、霊ですというんだ。霊が歩いていたって。まいったよ、あいつには」

「で、どうしたんですか、そのカメラマンは」

「いいやつだったけど、さすがに気味悪いからほかのカメラマンに代えた。いつだったか、仕事をさせてくれと電話をかけてきたけれど、頼まなかった。今度仕事ができたら頼むからと電話を切ったが、それっきりになっている。今頃、俺を恨んでいるんだろうな……」

信じがたい話だが、民宿の姉妹といい、カメラマンといい、霊は見える人には見えるようだ。

もし、私にも霊が見えるようになったらどうするだろう。「見える」という前に卒倒しているに違いない。見えなくて幸いだと思っている。

第16話　ＵＦＯの降りた山

北八ヶ岳・しらびそ小屋主人　今井行雄（談）

北八ヶ岳は天狗岳《てんぐだけ》の東側山麓にしらびそ小屋を営む今井行雄は、普段冗談もいわず、真面目一方の男だが、ある日、突然、ＵＦＯを見たことがあるといい出した。冗談だろうと思って顔を見ると、いつもの真面目な表情をしている。どうやら本当らしい。

「いつ頃の話ですか」

「十七、八年も前のことだ」

十七、八年前というと、一九八〇年代の後半頃になる。

秋の夕方、今井がいつものように厨房で夕飯の準備をしていると、三、四人いた登山者が何やら騒いでいた。いったいどうしたのだろうと、厨房から出ていくと、登山者が窓から外を見ながら、「ＵＦＯだ。ＵＦＯが降りてきたあ」と口々にいっていた。なかには外に飛び出して眺めている登山者もいた。

「まさか、そんな」と思いながら、今井は窓辺に行った。すると、天狗岳の中腹に、黒っぽい葉巻型のＵＦＯが緑色の光を底から逆噴射するように降りてくるのが見えた。黒っぽい機体が夕陽で光っている。

「ほんとだ……」

今井はそういわざるをえなかった。今井にとって初めての経験だった。胸が苦しくなるほど心臓が動悸《どうき》を搏《う》った。宇宙人が山小屋にやってきたらどうしようと思った。よくテレビなどで人間が宇宙船に連れ去られたという話をやっていたのを思い出した。ばかばかしいと思う反面、そうなったらどうしようと心配になった。防ぐ手立ては何もなかった。

「UFOの降りたところは、どのへんなんですか」

登山者のひとりが訊いた。今井は降りた場所を推定した。

「多分、ここから歩いて一時間ほど行ったところだと思う。いつも天狗岳からの雪崩《なだれ》が押し寄せるところで、木が生えない場所があるんだ。平らではなく、ちょっと斜めだけれど、広くなっている。だから巨大な円盤でもひとつやふたつは簡単に着陸できそうなところだ」

今井は遭難救助などで一帯の地形を熟知していたのですぐにわかった。そこ以外には、シラビソやカラマツなどの樹木が繁茂していて、着陸する場所は考えられなかった。

「そんなところに着陸して何をしようというんですかね」

登山者の誰かが呟いた。

「それはかりは、UFOに乗っている宇宙人だか何だかに訊かなくちゃわからないな」

今井は冗談めかしたが、何のためにきて、何をするのだろう。目的がわからない。得体の知れない不安に襲われるばかりだった。

「あとで山小屋に泊めてくれってやってきたらどうしますか」

誰かがいったが、誰も笑わなかった。

戸がカタリと鳴った。みんなはびくっとして、一斉に戸のほうを見た。しかし、すぐに風のせいだとわかった。

やがて、登山者は寝床に入った。今井は布団でなく、シュラフに入ると、窓辺に横になった。何か物音がしたら、すぐに飛び出すためである。枕元には、古いピッケルを置いておいた。

(悪さをしたら、これでやっつけてやる)

しかし、いつのまにか今井は眠っていた。

目が覚めたのは、朝の四時頃だった。周辺はまだ真っ暗だった。窓辺に座り、ぼんやりとUFOが着陸したほうを見ていた。するとまもなく、UFOが今度は昇っていくのが見えた。昨日の夕方に見たUFOと同じもので、時計回りにゆっくり回転していた。底から緑色の炎を吐き出しながら、空に向かっているのである。そして高みに達すると、ふっと消えてしまった。あとは何事もなかったかのように、闇に戻った。

当時は日本の各地でUFOが目撃され、ブームにさえなっていた時期である。なかにはUFOのくる町と宣伝するところもあったほどだ。

今井はそれからまをおかずに、二、三回同じようにUFOを目撃しているが、最近はほとんど見ていないという。

「この広大無辺な宇宙のなかには、ほかに生命体がいると思うし、UFOぐらいはきている

稲子岳から見た東天狗岳。しらびそ小屋の今井行雄によると、この中腹の少し斜めだが、木がないところにＵＦＯが降りたという

気にしなくなったとはいえ、それは大きなミステリーのひとつに違いない。

と思うよ。しかし、宇宙人が小屋に訪ねてきたこともないので、あまり気にしなくなった」

第17話　もうひとりの登山者

奥多摩・町営雲取奥多摩小屋元小屋番　岡部仙人（談）

「今でもわからないことがあるんだ。あれは夢だったのか現実だったのか、不思議でならないんだ」

こういいながら首を傾げたのは、岡部仙人である。今はもう、岡部仙人は二十年以上も守ってきた町営雲取《くもとり》奥多摩小屋の小屋番をやめ、下界に下りてしまい、小屋も町営から民営に移ってしまった。この話はまだ現役の頃の話である。

「十年以上も前の話だ。それまで月に一度、多い時は二度はきていた男が、突然半年ほどこなくなったんだ。くるたびに一升瓶を担いできて、それを飲《や》りながら話をするのが楽しみだったんだ。やつも酒を飲みながら俺と山の話をするのが楽しみだったらしい。だから急にこなくなってどうしたのかと思っていた。何だか胸騒ぎがして葉書を書いたんだ。めったに葉書なんか書かない俺がさ……」

しばらくしてその男はやってきた。いつもと変わりなかった。ただ、「心配させてすみません。ちょっと体調を崩して入院していまして……」と、病み上がりで少し元気がなかったのが、いつもと違うところだった。しかし、夜は、いつものようにストーブを間にして一升瓶片手に語らった。酒が入ると、男は顔に赤みが差し、元気を取り戻したようだった。

（ああ、よかった）

岡部仙人は胸を撫で下ろした。しかし、翌朝起きると、男はいなくなっていた。いつもは、昼近くまで寝ていて、最終バスにまに合うように帰っていくというのに……。雲取山頂まで散歩にいったのだろうか。しかし、いくら待っても男は姿を現さなかった。挨拶もせずに帰っていくなんて……。岡部仙人は二日酔いに悩まされながらも、きちんと畳まれた布団を見て何だか変だなと感じていた。

今度きたら、あの時、どうしてあんなに早く帰ったのか、理由を訊こうと思っていたが、それからまた半年ほど男はこなかった。岡部仙人はまたしても心配になり、男に葉書を書いた。

やがて男はまたやってきた。着いたとたん、「病み上がりの身にはこたえます。でもこられてよかった」と息を切らせながらいった。

「二度も葉書をありがとうございました。私もきたかったのですが、体調を崩して入院していたものですから、なかなかこられなくて」

心なしか色も白くなり痩《や》せていた。それから、ザックに手を入れ、「お土産です。いまいち力がなくて、これで勘弁」と、一升瓶ではなく、四合瓶を出した。

「病み上がりって、また入院したのか？　この間きた時も入院したといっていたじゃないか」、岡部仙人は訊いた。男からは意外な返事が返ってきた。

「この間きたって、この一年は、三か月入院してあとは自宅療養していましたから、どこにも出かけていないですよ。何かの間違いでしょ」

「いや、半年ほど前に一升瓶担いできたじゃないか。そして、朝、とっとと帰ってしまい、いつものあんたらしくないなと思っていたもの」

「半年ほど前って、まだまだ手術のダメージで起き上がって歩くのが精一杯だったですよ。山なんて、とてもとても登ることなんかできません。病院に行って検査を受けるのだって大変な時だったんです。仙人、誰かと間違えているんですよ」、男は笑った。

「俺が間違うわけがないじゃないか……」

岡部仙人は思わずそういったが、「誰かと間違えているんじゃないか」といわれると、急に自信がなくなった。

振り返ってみると、半年ほど前に男がきたことが夢のなかの出来事のようで、茫漠《ぼうばく》としているからだ。人恋しくて、本当に夢を見ていたのではないかと思ったりもする。

「そういわれると、言葉がないな。でも、あんたがきて、嬉《うれ》しくて二日酔いになるほど飲んだことはおぼえているぜ」

「もしかして、もうひとりの自分がきてしまったのかもしれないですね。入院中は、早く山に行きたい、死ぬ前にもう一度山に行きたいと強く思っていましたから。そして、仙人と酒を飲んでいるところを想像していました」

「まさか、そんなことがあるわけないだろ。もうひとりの自分がやってくるなんて」

岡部仙人は吹き出した。しかし、あの時にあった男は、間違いなく目の前にいる男である。それは間違いない。

「入院中は、早く山に行きたい、死ぬ前にもう一度、山に行きたいと強く思っていましたから」

岡部仙人は男の言葉を反芻《はんすう》した。もしかしたら、その気持ち、つまり、生きたいという情念のようなものが、もうひとりの男を山に登らせてしまったのかもしれない。そして、岡部仙人は、そのもうひとりの男と酒を飲んでいたということになる。

「考えれば考えるほど不思議な話だが、人間の存在そのものが不思議だから、気持ちが形となってひとり歩きをするというようなこともあってもいいのかな……。最近はそう思うようになったよ」

いつも冗談ばかりいって登山者を笑わせていた岡部仙人だったが、その時ばかりは真面目な顔つきをしていた。

第18話　謎の火の玉

南アルプス・大平山荘　竹澤愛子（談）

「最近、わしは年をとり、記憶力が悪くなって、いろんなことを忘れるようになってしまった。けれど、不思議なことは何度か経験しており、おぼえとる」

大平山荘の八十三歳になる竹澤愛子は、思い出しながら話し始めた。

大平山荘は北沢峠《きたざわ》から長野県側に十分ほど下ったところにある山小屋で、南アルプスの女王と呼ばれる仙丈《せんじょう》ヶ岳《がたけ》の登山口になっている。ここから仙丈ヶ岳に続く重幸《しげゆき》新道は、愛子の夫で先代主人の竹澤重幸が整備した道であり、今でも多くの登山者に歩かれている。現在、この山小屋は、二代目の竹澤信幸に受け継がれているが、愛子は今でも手伝いがてら山小屋に上がる。昭和三十七年に山小屋を始めて以来、四十年以上にわたって通い続けていることになる。

愛子がまだ現役の頃だ。

朝、年配の登山者数人がストーブを囲みながら山の話をしていた。そのうちひとしきり戦争の話になった。「こうして生きて山に登れるとは何て幸せなのだろう。一歩間違っていたら死んでいたのに」とひとりがしんみりと語った。愛子も話に加わった。

「わしも兄と弟が戦死しているんですよ。弟は海軍に入り、乗っていた翔鶴《しょうかく》という航空母艦が攻撃され、亡くなったようです」

登山者の表情が変わった。

「私はその翔鶴に参謀の一員として乗り込んでいましたが、その後、姉妹艦の瑞鶴《ずいかく》に移り助かりました」

愛子も驚いた。

「もしかしたら弟の世話をしてもらっていたのかもしれませんね」

「たくさんの人が乗っていたので、名前まではわかりませんが、部下であった可能性はありますね」

その人は元海軍の高官だった。愛子は、熱心に航空母艦の様子を聞いた。それまでほとんど空白の状態だった弟の死の周辺が目に浮かぶようだった。

「人は亡くなると、誰かについて故郷に戻るというけれど、弟はあなたについてわしに会いにきてくれたのかもしれんのお」

「そうかもしれません。山にきて海の話をするとは思いませんでした。不思議な縁《えにし》を感じます」

そういうと愛子の手を握りしめた。愛子は頷き、愛する弟なら会いにきてくれるのは少しも不思議ではないと思った。

ある正月の三が日が過ぎた頃のことだ。関西からきた登山者のふたりが山小屋へ泊まった。彼らは、翌日、仙丈ヶ岳に登り、夕方に戻ってきた。食事の準備をしていると、ふたりの話に「キナバル」という言葉が出て、愛子ははっとした。

「キナバルという言葉を聞いてお尋ねするんですが、わしの兄はそこで戦死しているんです。キナバルには何をしにいっていたのですか」

「ええ、僕たちは最近までキナバルで電気工事をしていました。今度機会がありましたら、キナバルで線香をあげさせてもらいます」

愛子の兄は、昭和十九年四月八日に召集され、ただひと言「行きます」といい残し、雨のなか、材木を積んだトラックに乗り、出征した。それが愛子が見た兄の最後の姿で、無念以外の何ものでもない。

その後、登山者からキナバルで供養したという丁寧な便りが届いた。愛子は心温まる人の情にふれ、長年の胸のつかえも取れ、思わず目頭をおさえた。

そんな愛子には未だにわからないことがある。

三十年ほど前の十一月六日の早朝。その日は稲こきのために家に下りなければならなかった。バスにまに合うためにまだ暗い道を下り始めた。登山口の登り口に差しかかった頃、急に冷え、雪が舞った。通り過ぎようとした尾根のなかほどに、今まで見たこともない丸い光が舞い降りてきた。一瞬、流れ星かと思ったが、流れ星ならもっと高いところに見えるはずである。愛子は恐ろしさのあまり、振り向きもせずに駆け出した。

息が苦しくなり、立ち止まった。ふと、北側にある鋸岳《のこぎりだけ》のほうを見ると、今見たよりも大きいボール玉のような光が中腹あたりに見えた。愛子は、テントを張った人の懐中電灯の明かりかと思ったが、その一帯にテント場はなかった。何だろうと思っているうちに光は明るさを増し、やがて何事もなかったかのように消えた。いつのまにか雪もやんでいた。

ただそれだけの話だが、愛子は未だに気になってしかたがない。光はいったい何だったのか。遭難した登山者の霊なのか、あるいは戦死した兄と弟の霊なのか。愛子は、光を目撃した場所にくると、今でも手を合わせるという。

第19話　静止する蠟燭の炎

南アルプス・南アルプス市営両俣小屋小屋番　星美知子（談）

南アルプスの両俣《りょうまた》。北岳の中腹にある左俣沢《ひだりまたざわ》と間ノ岳《あいのだけ》の右俣沢《みぎまたざわ》が合流するところである。一般の登山者はあまり入らず、経験豊富な登山者や大学のワンゲルなどが訓練がてら歩く山だ。そんな山深い両俣に両俣小屋はある。小屋番は星美知子。両俣小屋に入って二十年以上も経つベテランだ。

昭和六十年八月の早朝、星は登山者のために炊飯器で米を炊いたあと、暖をとるためにストーブに火を入れた。蠟燭を灯《とも》し、頬杖をつきながら、ある大学生のことを考えていた。大学生は以前、両俣小屋に何度もきて、弟のようにかわいがっていたが、その二週間ほど前、疲労のために中央アルプスで亡くなっていた。その時、揺らめいていた蠟燭の炎が、突然、動かなくなった。しかし、それでいて炎が息をするように明るくなったり薄暗くなったりし始めた。

（誰かきてるの？　もしかしたら……）

ふとそう思って大学生の名前を呼びそうになったが、登山者がまだ寝ているので大きな声も出せない。あたりを見回しても人の姿はなかった。しかし、不思議と気持ちが落ち着いていた。次に見ると、蠟燭の炎は何事もなかったかのように、静かに揺らめきながら燃えていた。星は今でも大学生が会いにきてくれた合図だと思っている。

その翌年の夏、これは星が小屋に泊まった登山者から聞いた話だという。夜中、その登山者が二階で寝ていると、誰かが部屋を走っている音で目が覚めた。うるさいなと思いながら、ひょいと顔を上げると、誰か知らないが、目が合った。普通なら「こんばんは」とでもいうのだろうが、その二階に上がる階段には、タオルやシャツなどをかけて上がってこられないようにしていた。そのことを瞬時に思い出した。

「………!」

登山者は怖くなって毛布をかぶって寝てしまった。朝になり、小屋のなかは真っ暗で自分の手さえ見えないのにどうして顔がわかったのだろうか、などという話になった。誰かが「昨日は送り盆だったから、ここに心を残す魂が帰りがけに挨拶でもしていったんだろう」とぽつりといった。それを聞いて、星は、あの大学生かもしれない、とまたしても思った。

怖い話ばかりではない。両俣には神様がいるという話もある。

両俣には、誰が建立《こんりゅう》したのか不明だが、祠《ほこら》がひとつある。苔むしていて相当古そうだが、かつての大きな台風でも流されなかった。目に見えない強力なパワーがあるのかもしれない。星は何か困ったことがあると、お酒を持って手を合わせにいく。すると、それまで降っていた雨がやんだり、台風が逸れたりと、不思議と願いが叶った。

（もしかしたら神様がいるのかもしれない）

そんなある日のことだ。山小屋の常連客ふたりが祠の近くまでくると、白装束に髪をみずらに結った人と白い犬が一緒に立っているのを目撃した。常連客は、思わず「山幸彦様《やまさちひこ》……」と呟き、こうべを垂れた。しかし、次に顔を上げた時、人影はなかった。そればかりか、同行していたもうひとりに「何、頭を下げているのだ」と訝られた。

「えっ、白装束の神様を見なかったのか？」

「何をばかなことをいっている」

もうひとりには何も見えなかったのである。

星もにわかには信じがたいと話すが、神様を見たという人は常連のなかでも、酒も飲まない人一倍真面目な人であるらしい。

第20話　幻のかりんとう

奥多摩・町営雲取奥多摩小屋元小屋番　岡部仙人（談）

町営雲取奥多摩小屋の元小屋番、岡部仙人に再び登場してもらおう。

山で生活していた時には、不思議なことは数えきれないほどあったという。

「そのひとつは、登山者の数だな。土日は別としても、平日は、判で捺《お》したように五人ほどしか通らない。十人でも二十人でも、時にはゼロでもいいのに、通るのは決まって五人なんだ」

それは雨の日も雪の日も同じだという。

「登山者のほとんどは、雲取山からも見える東京、千葉、埼玉など首都圏の人だ。登山の好きな人は何十万人といて、職業もいろいろ、登る日もさまざま。退職した中高年登山者に至ってはいつでも登れるはずなのに、平日に通るのは必ず五人。これがわからない」

岡部仙人は、朝、昼、夕方と、水汲みに行く時など、じっくりと登山者の足跡を見る。そして数える。すると決まって五人なのである。

「登山口に受付があり、入山制限でもしているのではないかと思うほどだ。それとも何かの摂理があって、限られた人が歩いているのではないかと思ったりする。そんな時は背筋が寒くなるぜ。なぜそうなのか、どう考えてもわからない」

しかし、その反面、わからないながらも足跡から登山者の様子が見えてくることもある。

「例えば、足跡が逆ハの字になっている人、そんな人は普通の人より腰の骨がずれているんだ。長く歩けないので疲れやすい。実際、追跡してみると、しょっちゅう休んでいるのがわかる。そうかと思えば、何か悩み事があるのか、考え込みながら歩いている歩幅の小さな足跡。大きな足跡にひと回り小さな足跡がまとわりつく恋人同士の足跡とか、さまざまだ」

時としてフラフラしている足跡も発見する。

「疲労して、幻覚を見ていたんだ。心配になり、追っていったら、案の定、ひとりの登山者が木によりかかっていた。頭の上にタオルを載せて、朦朧《もうろう》としていた」

岡部仙人は、その登山者を山小屋に連れていき介抱した。やがて正気に戻った登山者は、家に帰って風呂に入っている幻覚を見ていた、と話したという。

「追いかけていかなかったら、そのまま、そいつは、凍死していただろうな」

岡部仙人はほっとした表情をしたが、そういう岡部仙人も過去に何回か幻覚を見たことがあった。

「高校生の頃だから、もう四十年以上も前になる。ああ、俺も年をとった……」

そういって話し出したのは、こんな内容だ。

岡部仙人が高校の山岳部に入り、一週間ほど北アルプスを縦走した時のことだ。その山岳部は、歩けなくなると、先輩にピッケルで殴られるというスパルタ式だった。そのため、岡部仙人ら一年生部員五人は、苦しいながらも必死で歩かなければならなかった。

「腹は減るし、疲れるしで、早く山小屋に着きたい、山小屋に着きたい、それればかり願っていたものさ」

すると、不思議なもので、目の前に突如として山小屋が現れた。小屋の前の沢では登山者が米をといでいた。岡部仙人は、これでようやく休めると、嬉しくなり、先輩に「ようやく山小屋に着きました。我慢したかいがありました」といった。しかし、先輩は「何を寝ぼけたことをいっているんだ。どこに山小屋があるというんだ。しっかりしろ！」と怒鳴った。

岡部仙人は、確かに山小屋はあるはずだと振り返った。だが、そこには山小屋はなく、あったのは大きな岩で、その前を沢が流れていた。

岡部仙人は「休みたいという気持ちが、山小屋や米をとぐという幻覚を見せたんだろう」と振り返る。しかし、その幻覚はまだ序の口だった。

縦走最終日のことだ。疲れ果てて「東京に帰ったら、山岳部をやめよう」としか思わなくなっていた。一年生部員同士、声をひそめて、「やめようぜ」と話すほどだった。そこへ、「なにをむだ口たたいている。さっさと歩かんか！」、まるで軍隊のような先輩の怒鳴り声が降りかかる。

「は、はい」

岡部仙人たちは、しかたなく黙々と歩く。空腹を感じた。何か食べたい。しかし、時計を見ると、昼には一時間以上もまがあった。何か甘いものでも口に入れたい。かりんとうでも食べたい。岡部仙人は、袋に入ったかりんとうをぼりぼり食べているところを想像した。

「かりんとうが食いてぇ」

岡部仙人は、思わず呟いた。前後にいた一年生部員も口々に、「ああ、俺も食いてえ」「俺も」と続く。口のなかに唾液が溜まった。

そんな時である。ふと前を見ると、不思議なことに、岩の上にかりんとうが点々と五個置かれていたのである。最終日なので先輩が先回りして褒美《ほうび》にかりんとうを置いてくれたのだろう、と思った。岡部仙人は、ひとつ拾うと口に入れた。かりんとうのあまさが口のなかに広がった。

「かりんとうがあれほど美味しいものだったとは思わなかった」

岡部仙人のあと、次々と一年生部員が食べた。みな、うまそうに食べた。ぼりぼりと音がして、もっと食べたかったが、人数分しかない。ひとつでも食べられてよかったと思わなきゃ、といい聞かせた。しかしそれにしても、厳しい先輩もなかなか心憎い演出をしてくれるものだと、岡部仙人は感心した。

昼、休憩に入ると、岡部仙人たちは先輩の前に立って、「さきほどは、かりんとう、ごちそうさまでした」と礼をいった。先輩はぽかんとしている。

「何をいっている。そんなものがあったら俺たちが食っている。昼から夢でも見ているのか！」

では、あの「かりんとう」は誰が置いたのだろうか。あるいは、ひとりだけでなく、新入部員全員がかりんとうの幻覚を見たとでもいうのだろうか。だとしたら、いったい何を食べたのだろう。動物の糞《ふん》か。そういえばテンは、縄張を誇示するために「テンの高ぐそ」と称して、岩の上など目立つところに糞をするというが、まさか⁉

子供の時から山を歩いてきて五十年以上経つ岡部仙人だが、わからないことのひとつが、この「かりんとう」の正体だ。

第21話　消える山小屋

奥多摩・雲取山荘主人　新井信太郎（談）

「まただ。その時、俺は思ったね。そして、何とかしなきゃいけないな、と決心したもんさ」

こう語るのは、東京で一番高い雲取山で雲取山荘を営む新井信太郎である。「しんちゃん」と呼ばれ、いつもおもしろい話をしては登山者を笑わせている名物小屋番である。そんな新井だが、急に真面目な顔をしてこんな話を始めた。

平成十一年十二月、雲取山荘が新築されてまもない頃だ。夜八時、登山者が少ないのでそろそろ寝ようと思っていた。そこへ頂上から夫婦の登山者と若い男がやってきた。

「こんな夜遅くにどうしたんですか、危ないじゃないですか」

新井は心配のあまりそういうと、若い男が事情を説明し始めた。

「ぼくは頂上の避難小屋に泊まっている者ですが、さっきこちらのご夫婦が避難小屋にこられ、雲取山荘に行こうとしたのに場所がわからなくなったので案内してほしいといわれたんです」

「えっ、うちの小屋がわからない？　道も道標もしっかりしていて、わからないはずがないじゃないか」

奇妙に思いながらそう答えたが、夫婦の登山者の主人のほうも不思議そうにいう。

「今案内してもらって、山小屋の場所がわかりましたけれど、最初に通った時は全然わかりませんでした。人の声はするんですけど、山小屋が見えないんです」

「どこいらへんで声が聞こえたんですか？」

「今考えてみると、階段のすぐ上の分岐のところでしたね。すぐそこまできていたのに、なぜか山小屋に気づかなかったんです」

分岐というと、眼と鼻の先である。距離にして二十メートルもない。濃霧が出ても山小屋の輪郭はわかる。真っ直ぐ歩けば、二十歩とかからずに山小屋に到着できる。それなのになぜか、その夫婦は右に折れて、小雲取山《しょうくもとり》へ続く巻き道を通り、再び雲取山の頂上に立ったという。つまり、雲取山の山頂付近を余分に一周してきたことになる。

「疲れて、道標を見逃したんじゃないですか」

「私たちは長年山歩きをしていますが、山小屋を見失うなんて、こんな失敗は初めてですよ」

夫婦の奥さんのほうが怒ったようにいった。

（だったら何でそんなことが起きるのよ）

内心そう思ったあとに、新井の頭を過ったのは、（まただ。山小屋が消えるなんて、何とかしなきゃいけないな）という思いだった。

もう四十年以上も前のことだ。先代の小屋番、鎌仙人こと富田治三郎が昭和三十四年の冬に亡くなり、新井が二代目として山小屋に入って、しばらくした頃である。

夜八時、そろそろ寝ようとすると、山小屋のすぐ上にある御堂に明かりが点いているのが見えた。ちょうど登山道の分岐のところである。誰がいるのだろう、そう思いながら新井は見にいった。

御堂というのは、鎌仙人の妻で、尼僧であった富田シンが御題目をあげるところだった。広さ十二畳ほどで、シンはもちろん生前の鎌仙人も、遭難者を弔うために祈っていた。

「遭難者の位牌や卒塔婆《そとば》もたくさんあったけれど、山小屋が混むと、小屋番の俺たちも泊まって寝ていたよ。居心地のいい場所だった」

しかし、鎌仙人が亡くなったあと、シンは下界に下りて、御堂には鍵がかけられ使われなくなっていた。

新井が御堂の前に立つと、鍵が壊され、なかにひとり青年がいた。コタツに入り、今にも寝ようとしているところだった。

「ここは山小屋じゃないよ。どうしてこんなところで寝ようとしているんだい」、新井が尋ねた。

「山小屋がわからず、ビバークしようとしたら、ちょうどこの小屋があったので鍵を壊して入らせてもらったんです」

新井は、青年を山小屋に泊めさせることにして、御堂を出た。青年は歩きながら目の前に山小屋があるのを見て、「あれ、なんでさっき気がつかなかったんだろう」と呟いた。

新井は、青年が疲れているので山小屋を見逃したんだろうと思い、その時は深く考えなかった。

それから二十年後、もう一度、山小屋が消えるという似たようなことが起こった。やはり、分岐のところで山小屋がわからず、頂上へ戻り、避難小屋に泊まったという登山者がいたのだ。その頃、御堂は屋根も落ち、廃屋となり、ビバークもできない状態になっていた。

翌朝、避難小屋に泊まった登山者は、「山小屋がわからなかった。今朝下りてきたらすぐにわかったのに、どうしてきのうはわからなかったんだろう」、首を傾げながら三峰《みつみね》のほうへ下っていった。

そして平成十一年、三たび山小屋が消えた。その頃、御堂は完全につぶれていた。知らない人はそこに建物があったことさえ気づかないほどである。

「魂があるのかどうかは知らないけれど、山小屋が三回消えて初めて、鎌仙人やシンさんが何か訴えているのかなと気づきました。自分たちは新しい小屋を造りぬくぬくとしているけれど、御堂は廃屋のままに放置していた。何とかしなければならないと思ったものです」

平成十三年の春、新井は、地元の神社に協力を依頼して、廃屋になった御堂を壊し、祠を新たに建立した。

「長年忘れていた宿題をすませたような気持ちですよ。鎌仙人もシンさんも今まで以上に登山者を守ってくれることでしょう」

新井の表情が柔らかくなった。
祠を建立して以来、雲取山荘が消えるという話は聞かない。

第22話　山の神に守られる？

奥秩父・金峰山小屋主人　吉木綾子（談）

「将来は、山小屋を続けながら結婚して子供も産みたい。今の私から山小屋の魅力を取り上げることはできない。できるなら、夫となる人は山が好きで一緒に山小屋をやってくれる人がいい。でも、世の中そんなに都合よくいかないですよね」

そういって、金峰山《きんぽうさん》小屋二代目主人の林綾子は笑った。もう七、八年ほども前のことだ。

当時、綾子は、父親で初代小屋番の林袈裟夫が交通事故で亡くなり、急遽、跡を継ぎ、まだ三年ほどしか経っていなかった。ＯＬになることしか考えていなかった綾子にとって、いくら父親が築いた山小屋でも、いきなり入って働いてみると困惑することばかりで、山小屋の世界は場違い以外の何ものでもなかった。酔っ払った登山者にからまれたり、蘊蓄《うんちく》親父に説教されたりなどして、いつも山小屋から逃げ出すことばかり考えていた。

しかし、石の上にも三年ではないが、やがて山小屋を営んでいる女性が自分以外にも数多くいることを知り、また山のよさも徐々にわかってくると、山小屋はいい場所だと思えるようになった。「頑張ろう」という気持ちが湧いてきた。

綾子に会いに久々に金峰山小屋に行くと、すでに結婚していて「吉木」という姓に変わっていた。そればかりか、女の子も生まれていた。相手は、同じ奥秩父の甲武信《こぶし》小屋でかつてアルバイトをしていた吉木真一という年下の青年だった。

「結婚して子供をもうけ、夫婦で山小屋をやる。思ったように物事が進んでいるようですね」と話を向けると、綾子は満面笑顔になった。

「それが不思議なんですよね。ああなるといい、こうなるといいと願ったことが叶ったり、困ってどうしようもない時に助けてくださいと念ずると、なぜか解決するんです。もしかしてこの山には神様がいて、願いを聞き届けてくれるのではないかと思うほどなんですよ」

嬉しいながらも、こんなに順調にいくのはなぜだろう、と訝しがってもいた。

「主人と知り合った時もそうでした。山小屋が混んでどうしようもなくなって、助けてと念じると、甲武信小屋から手伝いにきましたと、ふらりと若い男性がひとりでやってきたんです。まるで私の声が聞こえたように……」

それから吉木と恋が芽生え、結婚に至ったわけだが、そもそも吉木はどういう理由で甲武信小屋からやってきたのだろうか。

「それがよくわからないんです。ある日の朝突然、アルバイト先の甲武信小屋の主人に、おい、お前、金峰山小屋が忙しいだろうから行って手伝ってこいっていわれたんです。甲武信小屋も人が足りなくて大変だというのにどうしてだろう、と思いながらきたのが正直なところです。ここへきてみると、綾子にいてくれると助かるといわれて、結局はそのまますうっといることになりました」

吉木が苦笑しながらいうと、綾子が続けた。

「あとでわかりましたが、甲武信小屋は父と仲がよかったから、気を利かして人を送ってくれたようでした」

ちなみにその頃の吉木は積極的に山歩きをする青年ではなかった。金峰《きんぷ》山がどこにあるかも知らなかった。たまたま友人とオートバイでツーリングをしているうちに、ついでに甲武信ヶ岳に登っただけだった。その時、通りがかった甲武信小屋の主人にアルバイトをしないかといわれ、しばらくやってみようと思った。吉木は将来、建築関係の仕事につこうと考えていたが、当時は定職につかず、旅に明け暮れていた。

「願って、やってきてくれたのは、何も主人だけじゃないんです。突然、団体客が押し寄せて大変な時、昔のバイトさんがふらりと現れたり、お馴染みさんがやってきて手伝ってくれたりして、何度も難を越えることができました。そのたびにやはりこの山には神様がいて助けてくれるんだなと思ったものです」

なかでも山の神様をもっとも強く印象づけられたのは、今から四、五年ほど前のある夜の出来事だった。酒に酔った五十過ぎの男が登山者にからんでいた。早く寝てくれればいいのにと思っていたところ、外にあるトイレに出ていった。しかし、なかなか戻ってこない。心配した吉木が見にいくと、男は倒れて苦しがっていた。よほど腰を強打したらしく一歩も動けなくなっていた。吉木と綾子のふたりで山小屋に運び込んだ。「ヘリコプターを呼ぼう」という声が上がったが、残念ながら夜なので飛べない。けがをした男は「苦しい」とうめくばかりだ。

（登山者のなかにお医者さんがいてほしい）

綾子は心から願った。すると、若い女性が二階の寝室から下りてきて、「医学生ですが、診ましょうか」といい、すぐに湿布など応急処置をしてくれた。男は楽になったのか、眠り始め静かになった。ほっとしたが、医学生は「今できる限りのことをしましたが、念のため明日はヘリを呼んで下界に下ろしたほうがいいかもしれません」とつけ加えた。綾子も吉木も感謝し、翌日ヘリを呼ぶことにした。そして、明日は晴れてヘリがくることを心底願った。

しかし、翌朝は残念ながら濃霧で、ヘリが飛べる状態ではなかった。

（何とかして助けてください）

綾子は心のなかで叫んだ。しかし、濃霧は晴れるどころかさらに濃くなっていった。

（お願い、助けてください）

綾子はさらに心から祈った。そこへ二十人ほどの団体客がやってきて「少し休ませてほしい」という。西股沢《にしまたざわ》でキャンプをしていたグループだった。

（このなかにお医者さんがいてほしい）

綾子はそう願いながら訊いた。

「山小屋にけがをした人がいます。このなかにお医者さんがいらっしゃいませんか」

すると、誰かが「いるよ。医者だけでなく、看護婦もいるよ」と答え、すぐに医者と看護婦が男の治療に当たってくれた。医者によると、男は軽傷ということだったが、安静は必要で、早めに下界に下ろしたほうがいいという。綾子はヘリを頼んでいるけれど、濃霧で飛べないことを話すと、グループのリーダーが「どうせ下りるのだから、担架を作って下ろしてやろうよ。下りたところで救急車を呼べばいいんだから」と援助をかって出た。

そうなると話が早かった。毛布で担架を作り、男を載せた。「さぁ、出発しようか」とリーダーがいった時、「予定では下でキャンプをするだけだったのに、なぜ俺たちは山の上にいるんだ?」と誰かが呟いた。「そうだよな、山小屋にけが人がいるのを知っていたようだな」「誰からともなく、上の山小屋まで行こうという話に何となくなったんだよな」という声がほかからも上がった。このグループには山に登る予定はなかったのである。

綾子も吉木も担架を担ぎながら山を下りていく一行に向かって深々と頭を下げたが、その時、綾子はこんなことを考えていた。

(やっぱりこの山には神様がいて、みんなを守ってくれているんだ。それはもしかしたら私のお父さんかもしれない)

金峰山小屋のある奥秩父の金峰山。山頂に有名な五丈岩が見える。
この岩の上から先代の林袈裟夫が、山を見守っているのかもしれない

第23話　大きな天狗

陣馬山・清水茶屋主人　清水辰江（談）

「私がまだ子供の頃、大好きだった父親から聞いた話なんだけどさ」

東京都と神奈川県の境にある陣馬《じんば》山で清水茶屋を営む、七十歳を超える清水辰江が話したのは、こんな話だった。

「生藤《しょうとう》山って知ってる？　春になると、桜が咲くことで知られる山でね、陣馬山からも大きな姿がよく見えるよ。その生藤山に、父親がまだ若い頃ひとりで鉄砲をぶちにいったそうなんだ。目当てはヤマドリかなんかの鳥だった。けれど、全然獲れない。姿ばかりか声も聞こえない。捜しくたびれて眠くなってしまった。しばらく切り株を枕に寝ていたんだそうだ。やがて、何か物音がするので目が覚めたらしいよ」

なんと、その場にいたのは、木のように太い足をし、天まで届きそうな大きな天狗だった。天狗は、横になっていた父親の胤文《たねふみ》を見下ろしながらいった。

「みんなが楽しく生きている森で殺生などしてはいかん、さっさと帰れ」

「もう二度としません、命だけはお助けを」といいながら、あわてて、山から下りた。

「本当に天狗がいたのかな、お父さん」

まだ子供だった清水は、訊いた。

「近くにタヌキかキツネがいて、俺を化《ば》かしたのかもしれんな」

そういって胤文は笑った。それからしばらくして胤文は亡くなった。まだ四十一歳の若さだった。

第24話　おいらんのかんざし

とある山小屋主人（談）

大菩薩嶺《だいぼさつれい》の北側に黒川鶏冠山《くろかわけいかん》がある。この山は、ふたつの頂からなる山である。ひとつは黒川山。もうひとつは、遠くから見ると鶏のとさかに似ていることからその名がついた鶏冠山である。鶏冠山の山頂には、一ノ瀬高橋の氏神様である鶏冠神社奥宮《おくみや》の祠があり、その場から南側に、大菩薩嶺はもちろん、富士山も眺められる。振り返れば、北側に雲取山、そして飛龍《ひりゅう》山が雄大に連なっている。

この黒川鶏冠山の東側、黒川谷に昔栄えていた金山があった。武田信玄の隠し金山のひとつといわれるもので、黒川金山と呼ばれていた。当時鉱石をひくために使った石臼が、半分土に埋もれた状態で今も散在している。

今から二十年ほども前のことだ。大菩薩連嶺にある、とある山小屋の主人が、この黒川金山に向かうために山道の枯れ葉を踏みながら歩いていた。すると、何かが足に当たった。石ころだろうと思い、通り過ぎようとしたが、何かしら気になり、手に取ってみると、何と錆びついたかんざしだった。今の時代にかんざしをつけて山を歩く人はまずいない。ありえないことだ。その山小屋の主人は、山から下り、町の郷土史家に見せると、「江戸時代以前のもので、おそらく黒川金山にいた女郎がつけていたもの」という。

当時、黒川金山は、黒川千軒といわれるほど鉱夫の家がたくさんあった。今もその土台と思われる石積みは、苔むしてそこここに見られる。多くの鉱夫が金の採掘に携わっていたのである。男がいれば、当然、女もいる。鉱夫相手の女郎もかなりいたようだ。仕事が終わったあとに鉱夫たちが女郎とたわむれたのだろう。今となっては、人もあまりやってこない場所だが、おそらく当時は、蠟燭の下、酒宴が催され、女郎たちの笑い声が夜遅くまで聞こえていたに違いない。

しかし、いつしかこの金山も閉鎖されることになる。金山の存在は、ほかには秘密だった。そこで秘密が洩れないように女郎を殺害して口封じをした。その代表的な例が、柳沢川と一之瀬川の合流する付近で行なわれた酒宴の場での出来事だった。酒宴は川の上に吊るし舞台を作り、その上で行なわれたという。女郎たちが酒に酔った頃、舞台を支えていた紐を切った。女郎たちは、悲鳴を上げながら次々と川に転落していった。

現在、この地はおいらん淵と名づけられていて、夜な夜な女の幽霊が出るといわれている場所でもある。とりわけ、おいらん淵のそばの国道四一一号線を走るライダーたちの目撃談をよく耳にする。

その真偽のほどはともかく、何百年も後の現代に、当時の女郎が使ったかんざしがそうそう簡単に見つかるものなのだろうか。発掘調査をしているうちに現れたというのならわかるが、歩いていて、枯れ葉の下にあったというのだから、にわかには信じられない話である。

誰かが見つけて落としたか、捨てたとしか思えない。

その山小屋の主人はとても信心深い人で、本業のかたわら、時間があると、山小屋で何百体もの仏像を彫っていたという。山中をさまよう女郎の魂が、その山小屋の主人に供養をしてもらいたくて、かんざしに姿を変え、心の寂しさを訴えたのではないかと思ったりする。そこには単なる偶然の重なりで発見されたという以上の、何か目に見えない力があるような気がしてならないのである。

第25話　不思議な観音様

登山者　宮崎里次（談）

この話は陣馬山の山頂にある清水茶屋にきていた初老の登山者から聞いた。その人は登山者というより、飲ん兵衛の親爺という感じだった。名は宮崎里次。

私は一時期、取材で清水茶屋に行くことがあったが、そのたびに宮崎はいた。いつもベンチに座り、景色を見ながらビールを飲んでいた。山好きにとっては最高の贅沢である。しかし、茶屋の主人の清水辰江にいわせると、「朝早くからきてビールを飲んじゃ、夕方に帰るんだよ。うちを儲けさせてくれるのはいいけど、ちゃんと帰れるのか心配で、心配で……」と、あまりありがたくない表情をした。酔っ払って転んでけがでもしたら大変だという。しかし、宮崎は毎週のようにやってきた。

最初、私は宮崎とはあまり話をしなかったが、そのうち話をするようになった。静かな口調で話す人だった。時々笑ったが、とてもシャイな感じがしたものである。

ある日、宮崎が真面目な顔をして話し始めた。

「昔、俺、妙な体験をしたことがあるんだ。それはな……」

三十年ほども前のことだ。宮崎は土木作業員をしていた。それは暑い日だった。林道工事のためにスコップで山を削っていた。すると、カチッという音がして、スコップの先に何かが当たった。石かと思ったが、何やら人形のようだ。手に取ってみると、薄汚れた十センチほどの金属製の観音様だった。何でこんなものが土のなかにあるのだろうと思って見ていた。すると現場監督から「何、サボっているんだ、手を止めるな！」と叱責された。

「あっ、すいません」

宮崎は謝った。普通なら、観音様をポケットに入れ、仕事を再開するところだが、宮崎は、その観音様を放り投げた。当時、まだ三十歳の宮崎には、信仰心がまるでなかったのだ。

宮崎は、再びスコップを握り、土を掘り始めた。早く終わってビールを飲みたかった。汗をかいたあとのビールはたまらない。唾を飲み込んだ。

しばらくすると、またカチッという音がした。見ると、先ほど放り投げた観音様だった。いや、そんなはずはあるまい。さっきの観音様によく似た観音様といったほうが適切だろう。

宮崎は再び放り投げた。何より監督の叱責が怖かった。ちらりと現場監督に目をやると、やはり宮崎のほうを見ていた。現場監督に目をつけられると、次から仕事ができなくなる。一生懸命やろう、自分にいい聞かせながら、スコップで土を掘り続けた。するとまたカチッと鳴った。

（またかよ、これで三回目だぜ……）

手で取らずにスコップに載せると、またさっきの観音様とそっくりなものだった。宮崎は不思議なこともあるものだな、この山は作りそこねた観音様の捨て場だったのだろうかなどと思った。

その時、宮崎は、ありえないことだが、まさか同じ観音様が出てくるわけじゃないだろうなと思い、急いでスコップの先で傷をつけてみた。そして、それを放り投げた。今度出てきた時に同じものかそうでないかがわかるはずだった。

どれくらい経った頃だろうか、カチッという音がした。観音様がまた出てきた。見ると、何と自分でつけた傷があるではないか。宮崎は、思わず悲鳴を上げて、腰を抜かした。

「何やっているんだお前は、さっきから」

現場監督が宮崎のそばにやってきた。宮崎は今までのことを話した。現場監督は観音様を手に取ると、「何を寝ぼけたことをいってる。暑くて仕事をしたくないからそんなことをいうんだろ」と一笑に付し、観音様を放り投げると、「さっさと働け！」と怒鳴った。

宮崎は再びスコップを持って働いたが、もし、今度出てきたら、拾って持って帰ろうと思った。

(もしかして俺に何か訴えているのかもしれない……)

そのうちにまたカチッと鳴った。宮崎は、スコップに載せてみた。傷もついていた。同じ観音様だった。ゾッとしながらも宮崎はその観音様をすばやくポケットに入れた。その後、観音様は現れなくなった。カチッと鳴っても何の変哲もない石ころだった。

「俺はそれを家に持って帰ってきれいに洗った。穏やかな顔をした観音様なんだ。つけた傷は修復できなかったけれどもな」

「その観音様はまだあるの」

「ああ、今でも家の仏壇に置いてある。今度見にくるか」

そういうと、宮崎は名刺をくれた。手書きの名刺だった。住所は八王子市内だった。

「今度寄って見せてもらうけれど、不思議な観音様を拾ってから何かいいことあった？」

宮崎は、少し考えてから答えた。

「これといってないよ」

「宝くじが当たったとか」

宮崎は笑った。

「そんなことはなかった。けれど、それ以来、仕事先で頭を下げるようになった。すると、前より仕事が増えた。俺は昔、喧嘩っぱやくて失敗ばかりしていたからな。カッとした時、観音様を思い出すと、不思議と気持ちが落ち着いて暴れなくなったんだ」

「観音様のお蔭ですか」

「そうかもな。観音様を拾っていなかったら、今頃、俺はどうなっていたか。きっと現場監督と喧嘩でもして、娑婆にはいなかったかもしれないな。俺の守り神みたいなもんさ」

Ⅲ　自然の不思議

第26話　森のなかから助けを求める声

丹沢・鍋割山荘小屋番　草野延孝（談）

五年ほど前のことである。丹沢《たんざわ》にある鍋割《なべわり》山荘の小屋番、草野延孝はいつものように二俣《ふたまた》でボッカのために荷造りをしていると、神奈川県警のパトカーが林道を入ってきた。

（すわ、事件か）と緊張する。パトカーから秦野《はだの》署の警官がふたり降りてきた。

「何かあったんですか、また事件ですか」

「登山者から後沢乗越《うしろざわのっこし》付近で助けを求めている声が聞こえると通報があったものですから、やってきたんですが……」

警官のひとりはそういうと、後沢乗越方面を見上げた。

「じゃ、すぐに行かないと。後沢乗越はここから二十分で着けます。僕も後で追いかけ、注意して見てみますから」

「しかしなぁ、いたずら電話かもしれないし、行っても、もう帰っていたらむだ足になるしな」

警官は躊躇《ちゅうちょ》していた。

「何をいってるんですか。もし本当に助けを求めていたらどうするんです。足がつって動けなくなっている人がいるかもしれない。山では何があるかわからないんですよ」

警官は「じゃ、行くか」としかたなさそうに歩き始めた。

草野は、そんな警官の後ろ姿を見ながら、(実際、山では何が起きるかわからないのだ。本当に人が助けを求めているかもしれない。行って何もなかったら、それはそれでよしとすればいいじゃないか)と、警官のやる気のなさに再び腹立たしさをおぼえた。

二十分後、草野はいつもより早めに荷造りを終え、歩き始めた。その日の荷物も八十五キロほどあった。肩にずしりと重さが伝わる。荷物は山小屋で使う食材などだ。現在の山小屋もすべて自分で資材を担ぎ上げて造った。最高で百十四キロを担いだこともあり、「丹沢の強力《ごうりき》」といわれ、広く知られている。自宅と山小屋を往復した回数は、すでに六千回以上になる。ヘリコプターを使用しないのは、騒音が丹沢の野生動物を脅《おびや》かすからだ。

遭難者のことが気になりつつ、草野が一歩一歩登っていくと、さきほどの警官たちが下りてきた。

「どうでした、見つかりましたか」

「いや、それが、声をかけながら周辺を捜したけど、助けを求める声はなかった。登山者の聞き間違いか、いたずら電話だったんだろうという結論になり、下りることにしました」

(もう、ですか?　ずいぶん早いですね。もっと捜さなくていいんですか)

草野はそういおうとしたが、言葉を呑み込んだ。

「お疲れさまでした」、足早に下りていこうとする警官に、声をかけた。

（もし気絶して倒れていたらどうするんだ。凍死するかもしれないじゃないか）

草野は、耳を澄ませながらさらに登っていった。

（声を聞きつけて、俺が助けてやる……）

しばらくして後沢乗越に着いた。いつも休憩する岩場に荷物を置いて、耳を澄ませた。心地よい風が吹き上げてくるが、何も聞こえてこなかった。草野は周辺を注意深く見回しながら額の汗を拭いた。その時、どこからともなくうなるような声がした。

「アーアオー、アオー、ウーワァオー」

汗を拭く手が止まった。苦しそうに助けを求めるような声だった。

わかった、と草野は手を打った。

（これだ、この声だ。この声を、遭難者が助けを求めている声だと思ったんだ。そういえば、前にも一度こんなことがあったな）

草野は三十年以上も前のことを思い出した。草野がまだ高知大学の学生で、石鎚《いしづち》山の山小屋でボッカのアルバイトをしていた時のことだ。登山者が山小屋に、「山のなかに赤ん坊が捨てられている。崖の下から泣き声が聞こえてくる。早く助けてやってください」と駆け込んできた。

草野はもちろん、そこにいたボッカ仲間や休んでいた登山者たちが、血相を変えて登山者の教えた場所に急行した。みんな一刻も早く助けてやらなければという気持ちだった。総勢十人ほどにもなっていた。

「待っていろ、今助けてやるからな」「死ぬなよ」

みな口々にいいながら、現場に向かった。急ぎすぎて途中で転んでけがをした人もいたが、ハンカチで傷口を押さえながら、なおも進んだ。

現場に着くと、「アーアオー、アオー、ウーワァオー」という声が聞こえていた。

「ほら、聞こえるでしょ。早く助けてやってくださいよ。今にも死にそうです」

発見した登山者は泣き出しそうな声で懇願する。草野も助けなければと思い、下りていこうとした。しかしその時、山小屋の人が「あれは、赤ん坊の声じゃないよ」といった。

「赤ん坊の声じゃない？　じゃ、何？」

みんなが顔を見合わせた。

「鳥だ。アオバトという鳥。やつは、ああいった人間のような声を出すんだ」

一瞬、沈黙が訪れた。

アオバトの鳴き声が聞こえた。改めて聞くと、拍子抜けするような声だった。

「アーアオー、アオー、ウーワァオー」

「なーんだ」「そうだったのか、鳥か」

みんなで大笑いになった。

アオバトのことを《九州より北の広葉樹の多い山間部の森林で繁殖し、冬は温暖な場所へ移動する全身が緑色をしている鳥》と知ったのは、その日のうちに見た図鑑でだった。

草野はその時のことを思い出して、ひとり笑った。しかし、誤報とはいえ、ひとりの命を救おうとみんなで駆け出していった情熱には純粋なものがあったな、と今さらながらに思った。その時の気持ちは今でも草野のなかに生きている。それに引き換え、パトカーで乗りつけながらなかなか山に向かおうとしなかった警官の態度はいったい何なのだろうか。

草野は口のなかを苦くしながら、再び荷物を背負うと、アオバトの鳴き声をあとにした。

第27話　死者を悼むリス

北八ヶ岳・しらびそ小屋主人　今井行雄（談）

今から三十年以上も前、今井行雄が兄の治夫とともにしらびそ小屋を営んでいた時のことである。今井は当時三十四歳だった。

ある日、今井は治夫から休みをもらって東京に遊びにいっていた。埼玉にある兄嫁の実家に泊まっていると、明け方、治夫が自宅で急死したという連絡がきた。始発の電車で急いで海尻《うみじり》の自宅に帰ると、治夫はすでに冷たくなっていた。兄との対面をすまし、しばらくすると、父親が山小屋を見にいってこいといった。誰もいないので心配だという。

今井はさっそく山小屋に向かった。山を歩きながら兄を失った悲しみと将来の不安とで、泣けてしかたなかった。当時、今井は治夫の勧めで山小屋に入ってまだ五年しか経っていなかった。山小屋に入る前は東京で畑違いの旋盤工をしていた。小屋番としてはまだまだ新米だった。

山小屋に着くと、なぜか知人がいた。

「何でここにいるの？」今井は訊いた。

「昨日、用事があって山を下りるからと、治夫さんに留守番を頼まれたんです。でも、治夫さんから、行雄さんは東京に出かけていて、今日は遅くじゃないと帰ってこないと聞いていたけれど、ずいぶん早かったんですね」

今井は、兄が急死したため、急遽、帰宅し、今しがた対面してきたことを告げた。

「嘘でしょ」

知人は驚き、今井の憔悴《しょうすい》した顔を見て言葉をなくした。

しばらくして、知人は唐突に、これでリスが変な声で鳴く理由がわかった、と呟いた。

「えっ、どういうこと?」

知人は軒下のほうを指差しながらいった。

「今朝からリスが何匹も軒下にきて変な声で鳴くんです。餌が足りないのかと見ても、たくさん残っているでしょ。だから、世話は治夫さんじゃなきゃだめなのかなと思っていたところだったんです」

今井がリスのほうに目をやると、普段は五、六匹なのに、その時は十四匹以上もいた。そればかりか、今まで聞いたこともない甲高い声で鳴いているのだった。何かしら物悲しそうな声だった。

(リスでも死んだ人を弔《とむら》う気持ちがあるのだろうか……)

今井はそう思った。

リスは当時からしらびそ小屋の名物となっていた。軒下にヒマワリの種などを置いておくと、リスがやってきて食べた。登山者、それも家族連れが喜んだ。餌の少なくなる冬などは、交代でやってくるリスで賑わっていた。春になると、生まれた子供を披露するかのように連れてくることもある。

そもそもは、治夫が山小屋を始めた昭和三十七年から森の奥に入って餌をまき、少しずつ山小屋にくるように餌づけをしたものである。いつのまにか軒下に餌を置くだけでリスがやってくるようになった。

「かわいがっていたから、リスも何かわかるのかもしれませんね」

知人がぽつりと呟いたが、今井も、「リスがかわいがってくれた兄を慕って鳴くこともあるよ。動物は人間より賢いからね」といった。

今でも今井は、リスが治夫の死を悼《いた》んで鳴いていたのだと思っている。山小屋をひとりでやるようになり、すでに三十年以上経っているが、治夫が死んだ時のように、リスがたくさん集まり甲高い声で鳴くことは、あの時以来一度もないからである。

第28話　空飛ぶキツネ

奥武蔵・鐘撞堂山の炭焼き（談）

「今はもういなくなってしまったがの、わしがまだ子供の頃、この周辺にはキツネがけっこうおったものじゃ」

こういってキツネの話をしてくれたのは、奥武蔵《おくむさし》は鐘撞堂山《かねつきどう》の山麓で炭を焼いていた老人だ。

もう五十年以上も前のことだという。ある日、少年が小屋がけをして炭を焼いていた時のことだ。炭を焼き始めてから三日三晩経っていた。疲れていた。炭は、ちょっと目を離すと燃えて灰になってしまい、元も子もなくなるから油断がならなかった。意識が半分朦朧となりながらも、煙から目が離せなかった。

夜。深い静寂。炭のはぜる音が時々聞こえるだけだった。うつらうつらしていると、どこからか、ギャオーン、ギャオーンという、まるで布を引き裂くような鳴き声が聞こえてきた。キツネであることはわかったが、何とそのキツネが空中を飛んでいるのだった。夜だから実際に飛んでいる姿は見えないが、森の左手から飛んだかと思うと、右手に降りて鳴くのだった。それればかりか、しばらくすると、今度は逆に飛んでいく。それを何度も繰り返しているのがわかる。飛んでいる距離を推測すると、数十メートルはあった。ものすごい距離を飛んでいた。

「魔物だ。取り殺される……」

少年は、猛烈に恐ろしくなった。しかもその声が炭焼き窯《がま》のほうに近づいてくるのだ。わなわな震え、少年はとうとう気絶してしまった。

しばらくして、交替にきた父親に起こされた。

「キツネに取り殺されると思ったら、意識がなくなってしまった」

少年は弁解した。すると、父親は思わず笑い出してこういった。

「あれは、空を飛んでいるのではなく、発情期のキツネが互いに呼び交わしているだけなんだ。右にいるキツネが呼ぶと左にいるキツネがそれに呼応して叫ぶ。それがまるで空を飛んでいるように聞こえるだけなんだ。わかったか」

キツネが空を飛ばないとわかってほっとしたが、窯を覗くと、炭はすっかり燃えて灰になっていた。父親に大目玉をくらった。

第29話　水筒に助けられた登山者

とある登山者（談）

「これ何だかわかりますか」

そういって男が包んでいた布を開きうやうやしく見せた物は、よくある金属製の水筒だった。分厚いが軽く、踏んでもびくともしない銀色をした水筒である。何か宝物でも見せてくれるのかと思っていたので少しがっかりした。しかし、水筒をくるりと回すと、水筒の腹の部分に穴がふたつ穿《うが》たれていた。まるで銃で撃たれたように直径一センチほどの穴がふたつ並んでいた。山を歩いている時、流れ弾でも当たったのだろうか。しかし、穴の周りは、弾が当たった衝撃でささくれ立っていず、ドリルで穴を開けたようにきれいである。どうすれば、こんな穴が出来るのだろうかと不思議に思っていると、男はこんな話をした。


男は秋田市内で床屋をしている。時間があると、車に乗って近くの山に入る。秋のある日、その日も山に入ったが、冬眠に備えた熊が餌を求めて歩いている時期である。少し怖かったため、時々、爆竹を鳴らしながら入った。

すると、ガサガサという音がした。振り返ると、遠くから犬が走ってきた。どこかの猟犬かと思った。しかし、よく見ると、それは熊だった。痩せていた。まずいと思ったとたん、熊が男にとびかかってきた。転んだ。熊が男に覆いかぶさり噛みつこうとした。男はやられてたまるかと必死で抵抗した。生臭い息がかかる。男は熊の鼻を殴った。鼻は熊の急所である。熊は目は悪いが、鼻がいい。誰かが熊に襲われたら鼻を攻撃しろといったことを思い出したのである。無我夢中で何度も何度も殴った。すると、熊の鼻から血が吹き出した。顔にボタボタ落ちてくるのがわかる。熊の力が弱くなるのもわかった。男はここぞとばかりにぐいと力を入れ、熊の上になり、さらに殴った。すると、熊はこれ以上やられたら殺されると思ったのか、逃げ出すのだった。

男はほっとしたが、急に震えだした。恐怖が蘇ったのである。男は震える指で爆竹に火を点けながらようやく車に戻った。

家に着くと、親がびっくりした顔をした。「どうした、事故にでもあったのか」と叫んだ。鏡を見ると、顔が血だらけだった。驚くのも無理はない。しかし、体のあちこちに熊と格闘した時にできただろう擦り傷はあったが、幸いどこにも大きなけがをしていなかった。ほっとした。

ザックがビショビショになっていた。きっと、格闘の際に水筒の栓が外れ、中でこぼれたのだろう。そう思いながら水筒をなかから取り出した。しかし、水筒の栓は外れていなかった。どうして水が漏れたのだろう、そう思って水筒をくるりと回すと、男は驚愕した。水筒に穴がふたつ空いていたのである。熊の爪痕に違いなかった。ザックにも同じような穴がふたつ空いていた。おそらく、熊と格闘した時、熊が男の背中に腕を回し、長い爪をニュッと出し、刺し殺そうとしたのである。脊髄に突き刺さったら一巻の終わりだったが、水筒に突き刺さったのである。この分厚い金属に穴を開ける力はどれほどのものなのだろう。まして、なかは水が満杯に入っていて、ゴムのパッキンで閉じ込めているから水圧があり、穴を開けるには相当の力が必要だろう。

もし、水筒がなく、脊髄に刺さっていたら、即死していたかも知れない。そう思うと、よけい震えがきた。男が水筒を大切そうに布に包んで見せてくれた理由がようやくわかった。

それにしても熊除けに爆竹を鳴らして歩いていたのに、どうして熊は逃げずに襲ってきたのか。普通なら逃げるはずだ。ツキノワグマは、何より人間が一番怖かったのではないか。

「私が思うに熊はおそらく手負いの熊だったのではないでしょうか。マタギに撃たれ、けがをして苛立っていたと思う。そして撃った奴に仕返しをしてやろうと待っていたところへ私が爆竹を鳴らしながら山に入ったので、襲われたのだと思う」

ちなみに熊は普通、人間の存在を知ると、逃げるが、出合頭に遭うと、驚いて人間を襲うことがある。また、熊の状態によって人間に立ち向かうことがある。それは三大危険熊と呼ばれ、気をつけなければならないのが、子連れ熊、発情期の熊、そして手負い熊である。

第30話　逃げなくなった野鳥たち

奥多摩のとある山小屋バイト　皆川由博（談）

皆川は、奥多摩のとある山小屋でアルバイトをしている。かつて都内の神田神保町《かんだじんぼうちょう》で喫茶店を開いていたが、格安コーヒー店が出店を始めた十数年前から客が激減した。これ以上続けると、赤字が増えると思い、店を閉めた。そして、以前から通っていた山小屋の主人に頼んでアルバイトをさせてもらっている。二週間山小屋で働いては、一週間自宅に戻り、再び山小屋に二週間入るといった生活をしている。

皆川がいった。

「十数年前、山小屋に入りたての頃、登山道を上がっていくと、それまでいた野鳥があわてて逃げました。何も獲って食おうという気持ちもないのに、私の姿を見るとどの鳥も一目散に逃げたものです」

おそらく、とひと息入れて皆川は続けた。

「歩き方がどたどたしていたのか、それとも都会のにおいがしていたのか、いずれにしろ、歓迎されていない感じがしました。山でもうまくいかないのかと悩んだものです」

しかし、それから十数年。

「最近になってからですが、野鳥たちが逃げないどころか、すぐ近くまでくるようになりました。それが不思議でならないんです。十年以上経って、ようやく野鳥たちが私をおぼえてくれたのか、あるいは、自然の一員と認めてくれたのかと思うと、嬉しくてね。将来、どうなるかわからないけれど、これからも山小屋のアルバイトを続けようという励みになりました」

皆川は十数年経ってようやく、登山道周辺に棲む鳥たちから市民権をえたのかもしれない。

この皆川の話を知人のマタギに話したことがある。すると「経験でしかわからないが」と前置きしながら、こういった。

「野鳥もそうだが、動物は人間の顔をおぼえるようだ。特に野鳥は目がいい。山を通る人を見て、この人は、危害を加える人、加えない人という具合に区別して、ずうっとしつこくおぼえている。私の場合も野鳥は逃げない。危害を加えないのを知っているからだ。しかし、ヤマドリは私の姿を見ただけでひたすら逃げる。以前、私に狙われたことをおぼえているからだ。もちろん、私も逃がしたヤマドリの顔はいつまでもおぼえているけどね」

第31話　寒気

奥多摩・雲取山荘主人　新井信太郎（談）

　山を歩いている時、突然、寒気を感じる時があった。何の前触れもなく、全身に寒気が走り、思わず立ち止まってしまいそうになるほどだ。それは、日中の時もあったが、多くは、まだ夜が明けきらぬ早朝とか夕方頃に多かった。実に気持ちの悪いものである。一刻も早くその場から逃げ出したくなる。少年のように何度も後ろを振り返りながら足早に立ち去る。しかし、そこから二、三歩離れると、とたんに何事もなかったかのように寒気がなくなっているから不思議だ。ほっとすると同時に、あそこには何があったのだろうと考えてしまう。そんな時は決まって、遭難者が倒れていたところかもしれないなどとろくな想像をしないから、よけいにその場所から遠ざかりたい衝動にかられる。そして、そこは二度と通りたくないと心底思ってしまう。

　しかし、同じ山道を二度三度歩くことはよくある。次に通る時、確かこの辺だったな、と身構えて歩くことになる。すると、そんな時に限って寒気のさの字も起こらないから、ますますわからなくなってしまう。

（いったい、この寒気の原因は何なのだろう……）

この疑問に答えてくれたのが、「消える山小屋」（第21話）で紹介した雲取山荘の新井信太郎だった。

最初、「何をばかなことを」といわれると思って質問を躊躇《ためら》っていたが、話をしていて、怪談話になった折に訊いてみた。すると、意外にも新井は、膝をポンと叩いて、答えてくれた。

「俺も時々感じることがあるんさ。それは動物の視線を感じた時なんだ」

「動物ですか？」

私はてっきり霊的なものだと思っていたので、動物といわれ、拍子抜けした。

「そうだ。キツネとかテンとかいろんな動物の視線を感じた時だ」

「どうして動物だとわかるんですか」

「俺も最初、寒気が何からくるのかわからなくて、怖かった。逃げ出したくなった。しかし、そのうち正体を確かめたくなって、怖いのを我慢しながら、ゾクッときた時に立ち止まって、森のなかを懐中電灯で照らしてみたんだ。そうしたら、闇のなかに青白く光る獣の目玉がふたつ浮かんでいるのが見えた。まばたきひとつせずじっとこちらを見ている目玉がさ。森のなかで人間の足音が聞こえたら、怖い人間に登山道をゆずって、動物たちは、人間が通り過ぎていくのをじっと見つめながら待っているんだ。その後もゾクッときた時、懐中電灯を向けると、必ず光る目があるので、まず間違いない」

新井にいわせると、その目から電波のような何かが出ていて、それを感じた時に寒気となるのだとか。

「殺気みたいなもんさ」

「殺気などとは、またずいぶん古い言葉ですね。まるで時代劇に出てくる言葉だ」

「しかし、それはもともと人間が持っていた感覚で、生活が文明的になればなるほど後退していったわけさ。第六感っていうだろ。それだよ。たいがいの人は忘れてしまっているけれど、君はまだ持っているということだ」

「ということは、私は文明的じゃないということですか？」

「ま、そういうことになる。俺も君も文明人じゃないんだよ、きっと」

そういって大笑いになったが、山で起きる奇怪で不思議なことは、何も霊的なことばかりではなく、こんな具合に意外と単純なことなのかもしれない。

第32話　ダケカンバの夢

北八ヶ岳・オーレン小屋小屋番　小平忠敏（談）

「茅野市の自宅で、ダケカンバの夢を見て目が覚めることがあるんです。山小屋の前にあるキャンプ場に一本立っているダケカンバです。山小屋の守り神みたいなもので、この夢を見ると何かが起きる前兆で、急いで山小屋に行くんです」

こう話すのは、北八ヶ岳は夏沢峠《なつざわ》の西側にあるオーレン小屋の小平忠敏である。小平は大学を中退し、オーレン小屋に三代目として入り、四十年近く小屋番をしている。

最初にダケカンバの夢を見たのは十年以上前だった。夢のなかに、青い空を背景にすっくと伸びた黄色い樹肌のダケカンバが現れた。いったいなんだろうと思いながらも、気になるので山小屋まで車を飛ばして出かけると、登山道でうずくまっている人がいた。その登山者は硫黄岳《いおうだけ》方面から下りてきたが、途中で捻挫《ねんざ》をして必死の思いで歩いてきたという。小平は、登山者を担いで車のあるところまで下ろし、病院まで送った。

しばらくして、またダケカンバの夢を見た。やはり気になって車を飛ばして山小屋に向かった。けが人はいなかったが、見ると、発電機が壊れていた。何日か後に中学生の団体登山の予定が入っていた。知らずにいたら、食事も作れないところだった。あわてて修理を頼んだ。

初めは、ダケカンバの夢と登山者の捻挫や発電機の件を結びつけて考えることはなかった。しかし、その後、何度もダケカンバが夢に現れ、そのたびに山小屋に行くと、いろいろなことが起きていた。

ある年のこと、やはりダケカンバの夢を見て、小屋に向かったが、例年になく雪が深くてなかなかたどり着けない。何かあるに違いないと焦《あせ》るばかりだった。ようやく到着した時、近くで雪崩が起きて遭難者が出たことを知った。「もう少し早く着いていれば、助けられたかもしれない。残念だった」と話す。それ以外にも、ダケカンバの夢にまつわる出来事はいろいろと起こった。まるでダケカンバが、小屋の危機を知らせてくれているようだった。

そもそも、山小屋の前にあるこのダケカンバは伐《き》られる運命にあった。キャンプ場を作る時に、営林署から、枝が落ちると危ないので伐るように指導されたのである。そのため八本ほど伐り倒したが、九本目のそのダケカンバの前に立った時、急に伐る気力がなくなり、残そうと思った。

「理由はわからないけれど、あまりにも立派な木だったので、伐るのがもったいなくなったのかもしれませんね」

それ以来である、ダケカンバが夢に現れるようになったのは。小平は、ダケカンバに注連《しめ》縄《なわ》を張り、御神酒を供えるなどして、守り神のように大切にしてきた。仕事で疲れた時などは、ダケカンバに抱きついたり、下で昼寝をしたりした。

「そうすると、気持ちが安まるんですよ」

四年前のこと、どうも疲れやすいと思った小平は、ダケカンバを見上げながら横になり、うとうとしていた。すると、ダケカンバの夢を見た。目覚めると、なぜか病院に行って調べてもらおうという気になった。

「医者に診《み》てもらったら、糖尿病で、血糖値が七百四十八にもなっていました。普通の人なら昏睡状態だといわれました。ダケカンバに命を救われたと思っています」

第33話　七転び八起木

三ッ峠山・三ッ峠山荘主人　中村光吉（談）

今から八年前の七月のことだ。富士山がよく見える山として知られる三ッ峠山《みつとうげやま》。そこで三ッ峠山荘を営んでいる中村光吉が、いつものように荷上げをしている時だった。山小屋のすぐ下まできた。ほっとひと息つけるところだが、その日ばかりはなぜか気持ちが重かった。

（どうしたのだろう）

ふと思って、あたりを見回すと、いつもの風景に変化があった。ちょうど使い慣れた櫛《くし》の歯が抜けているような感じで、木が一本なくなっているのである。中村はその場所に向かった。見ると、その木はズミというバラ科の落葉樹で、根をあらわにして尾根に向かって倒れていた。

このズミは昨晩の台風で倒れたのだった。台風は、とりわけ西寄りの風が強かった。富士河口湖町にある自宅で、何事もなければいいがと思っていた矢さきだった。ズミのある場所は、風の通り道になっているらしく、ズミには辛く、耐えきれずに倒れてしまったようだ。

中村は、ズミの前に立ちながら、どうしたものかと思った。幼馴染みが倒れたような気持ちだった。山小屋の周辺にはいろいろな木があるが、なかでもこのズミの木は好きだった。

子供の頃から山小屋にいるのが退屈になると、この木に登っては昼寝をしたり、富士山を眺めたりしていた。

ズミの樹齢は百三十年ぐらいにはなっていたのではないか。木の実は堅くて食べられないが、梅雨の終わり頃になると、白い花が咲いた。しかし、これからはもう見られないのだろうか。中村は、それこそ幼馴染みを失ったような気持ちで、（倒れても頑張って生きてくれよ）と祈った。

中村は父親で山岳写真家だった璋《たまき》（平成十三年歿）に、ズミが倒れていることを話した。璋も「あの木はいい木だった。いい顔をしていた。この山の主のような木だった」と呟いた。中村には「主」という印象はなかったが、それでも親子ともにそのズミから何か特別な感じを受けていたことが、その時初めてわかった。木から発する何か特別なものがあるのだろうか。

翌日から何度か璋は倒れたズミのところに行き、枝や根を剪定《せんてい》した。中村がなぜそんなことをするのかと訊くと、葉が多いと水分を蒸発させてしまう。倒れても少しでも長生きしてもらうために剪定しているのだといった。璋にとって、山の主が朽ち果てていくのは見るに忍びなかったのだろう。

そのズミに変化が起きたのは、二か月後の九月のことだった。ズミが倒れてから何度目かの台風がきた時だった。天気が回復すると、中村はすぐに山小屋へ向かった。ズミのようにまたほかの木が倒れていないかと心配だったからだ。すると、不思議なことに、木が倒れているどころか、逆に、欠けた櫛の歯が戻るように空白がなくなっていたのだった。中村は我が目を疑った。

あわてて近寄ると、確かにズミの木が立っているのである。一度倒れた木が再び立っているのである。初めての経験だった。中村は嬉しいやらおかしいやらで思わずズミに抱きつき、よかったなあ、と大きな声をかけた。

そのことを璋に報告すると、ぼそりと呟いた。

「今度の台風は東風が強かったので、倒れた時と逆に風が吹き、ズミを立たせたのだろう。東風もあいつのことは気にかけていたのだろうな」

自然が自然を助ける。そんなことがあるのだろうか……。

中村は幼馴染みが帰ってきたような気持ちになった。だが、そうはいっても不思議なことだった。いくら風の通り道になっているとはいえ、風で倒れ、それが再び風で持ち上げられたのである。しかもこの木一本だけ。「頑張れ」という想いをズミが受け止めて、機会を待っていたようだ。

翌年のある日、またしても意外なことが起きた。若葉が茂った頃である。台風ではないが、再び強い西風が吹くと、ズミはまた根をあらわにして倒れてしまったのだ。若葉が西風に煽《あお》られ、木を倒してしまったようだ。

（なぜ、立ち上がった時に、きちんと補強してやらなかったのか）

中村は反省した。今度はきちんと立ち上げて根を埋めてやらなければならない。そうしなければ枯れてしまうと思った。中村は、日頃、自然は自然のままにしておき、手を加えないことを旨としていたが、このズミばかりは何としてでも助けてやりたかった。

登山者が出払ったある日曜日。中村は、朝から友人とともにズミの引き起こし作業を開始した。ロープをズミの胴体に巻き、それをみんなで引っ張るのである。何度も何度も引っ張ってみる。だが、びくともしない。自然の強さ、とりわけ、風の強さに改めて驚いた。

しかし、諦めかけようとした何度目かの時、突然、一陣の東風が吹いた。すると、それまであんなに重たかったズミがふわりと立ち上がり、ロープで引き起こすことができた。そして、あらかじめ深く掘っておいた穴に、ズミの根の部分がすっぽり入った。すぐに土を流し込んだ。あっというまだった。

それが終わると、今度は、西風が吹いても倒れないように、根の太い部分にパイプを何本も差し込み、しっかりと押さえた。これで十分だ。二度と倒れることはないだろう。中村は、半日かかった作業で疲れをおぼえたが、清々しさを感じていた。

その年の七月半ば、梅雨の終わり頃だった。ズミが赤いぼかしの入った白い花を咲かせた。例年になく満開だった。中村には、ズミが心なしか嬉しそうに見えた。以来、美しい白い花が年々その数を増やし、咲きほこっている。

第34話　雷で育つアズマシャクナゲ

奥秩父・十文字小屋元主人　山中邦治（談）

奥秩父の十文字峠《じゅうもんじ》一帯は、アズマシャクナゲの名所として知られている。枝先に紅紫色の花を咲かせ、本州の中北部にしかない珍しい樹木である。とりわけ、十文字峠のある十文字小屋の周りには、五月の二十日頃になると、たくさんの花が咲き、それから一か月の間、登山者の目を楽しませてくれる。大きな花で見事なものだ。

どうしてそんなに大きな花を咲かせることができるのだろうか。登山道のそこここに咲くアズマシャクナゲの花より、山小屋の周辺にある花のほうが大きく見える。山小屋の周辺の木には何か特別な手入れでもしてあるのだろうか。

「これといったことなんかやっていないさ。ただ、咲き終わる頃に、花を枝からそっくりもいでやるだけだよ。それだけで、来年もきれいに咲くようになるもんなんさ」

こういうのは、今は引退して大滝村の自宅に下りているものの、体調がよければ山に登りたいと思っている初代小屋番の山中邦治だ。山中によれば、花を摘まないと、花が自然に落ちたあと、実ができて、木の栄養が実にいってしまう。そうなると、その後、何年も花が咲かなくなるのだという。

「今まで、小屋の周りのシャクナゲは全部、咲き終わる頃に花を取ってきたよ。人工的だけど、そうしないと、見事に咲き揃わないんだ。自然のものに手を入れてはいけないという人もいるけどね」

それが十文字小屋周辺にあるアズマシャクナゲの見事さの種明かしである。自分の庭の草花を手入れしているようなものである。三十一歳の昭和二十七年から五十年近くも山小屋で生活していれば、十文字峠も自分の庭と同じようなものなのだろう。

一方、山小屋から水場方向に数百メートルほど進んだ信州側の斜面に「乙女の森」と名づけられた一画がある。一帯はシラビソやカラマツなどが生い茂る樹林帯である。奥秩父研究の第一人者であった田部重治が、「黒竜の尾をうつがごとし」と評した樹林帯の一部で、黒々とした森なのである。しかし、その一画だけが、伐採されたように木々がなく、地面はアズマシャクナゲで埋めつくされているのである。満開時には、シャクナゲの海といってもよいほどで、訪れた登山者は必ず歓声を上げる。何百、何千、いや、もしかしたら何万株というシャクナゲである。まさかこのシャクナゲの花も咲き終わる頃に花を摘むとでもいうのだろうか。

「花をもいでやるのは、小屋の周りだけ。乙女の森のシャクナゲは原生のままだよ。全部の世話をしたら、体がいくつあっても足りないさ」

山中はそういって笑う。では、いったいなぜ、この一画だけがシャクナゲの群落になっているのだろうか。

「それは、雷のせいなんだな」

「雷、ですか」

「そう、雷がシャクナゲを育ててきたんさ」

山中は大真面目な顔をしていう。まさか花が咲き終わる時、毎年雷が落ちて花をもぎ取るという話ではないだろう。

「ちょうど、乙女の森は雷の通り道になっているようで、しょっちゅう落ちるんだ。それが刺激になってシャクナゲが増えたようなんだな」

乙女の森周辺は、気流の関係からかなぜか雷がよく落ちる。カラマツかシラビソの高い木に落ちるのである。雷の落ちた木は、折れたり、燃えたりして枯れてしまう。結果、あたりに日が差し込むようになる。すると、日当たりのよい場所を好むアズマシャクナゲが少しずつ増えてくる。さらに周りにある高い木に雷が落ちて空間が広がり、アズマシャクナゲが増える。

「それの繰り返しで今のような大群落ができたんだね。私が発見した時は、まだ小さな花園だったけど、毎年毎年、範囲も背丈も大きくなっていってね。そのたびに自然の偉大さを痛感したものさ」

ちなみに山中が乙女の森を発見したのは、山小屋を始めた頃で、五十年あまり前のことである。妻に山小屋を任せて、自分は毎日のようにぶらぶらと鍾乳洞探検や金鉱脈探しをしていた。暗い山のなかを歩いているうちに、まるで光でも射しているような場所に出た。木が倒れ、日が射していたが、それ以上にシャクナゲが光を放っていたように見えた。山中の脳裏に「乙女の森」という言葉が浮かび、思わず名づけたのだという。ぶらぶらと山を歩いていたことが、山小屋、いや登山者の財産の発見につながっているのである。

シャクナゲが乾燥している場所を好むというのも、山中が気づいたことでもある。

「シャクナゲは湿っているところが苦手らしく、その証拠に、霧がよく出る秩父側にはほとんどないんだ。日当たりのよい信州側にシャクナゲが多いのはそのためらしい」

実際、信州側の川上村あたりから十文字峠方面を見ると、秩父側に雲がかかっていても、信州側は晴れていることが多いのだという。

シャクナゲにとって日光が大きく影響しているというのは、乙女の森で見かけた隣り合ったシャクナゲでもわかった。ほんの数センチしか離れていないのに、一本の木は花が満開、隣りの木は固い蕾《つぼみ》のままなのである。摩訶不思議な状態だった。

「蕾のままのシャクナゲの上を見るといい。決まって上には木があり、日中あまり日が射さないようになっている」

見上げると、確かにシラビソが枝を伸ばし、直接シャクナゲに光が射さないのがわかった。

「でも、今咲いているのより少し遅れて咲くんだ。それも少しほかよりきれいに咲いて登山者の目を喜ばせてくれる」

その理由は、シラビソの枯れ葉が地面に落ちて腐葉土となり、あまり日の当たらない場所のシャクナゲを根元から育てるからだという。

奥秩父の十文字峠周辺にあるアズマシャクナゲの蕾と花。開花は日光に作用される。
隣り合っているのに、左は上に枝があり、日が当たらないため蕾のままだ

「うまくできているだろう。自然というのは、お互いうまくカバーし合って生きているもんなんさ」

「乙女の森」と名づけたのは山中だが、巨大なアズマシャクナゲの群落を育んだのは、雷を始め、光と周りの樹林だった。やっぱり人間より自然のほうが一枚上手だ。

第35話　天狗が木を伐る

御坂山塊・御坂茶屋元主人　渡辺千昭（談）

もう二十年以上も前になるだろうか。今はもう廃業してしまったが、旧御坂峠にある御坂茶屋に泊まったことがあった。しんしんと冷える日だった。コタツは温かかったが、頬は痛いほどに冷たかった。どうりで寒いわけだ。蠟燭の火で、吐く息も白く見える。戸の隙間から雪明かりが感じられた。ウイスキーのお湯割りを飲んだが、一口飲んでテーブルに置くと、すぐに凍りついてしまい、なかなか取れないほどだった。

「何度くらいあるのかな」

当時、まだ元気で小屋番をしていた主人の渡辺千昭に訊くと、「マイナス二十度くらいかな、たいしたことない」と笑いながらいった。寒いときはマイナス三十度近くなるらしかった。シュラフにくるまった上に布団をかぶって横になった。

十時頃のことだろうか。外から時々、ビシッ、ビシッという音が聞こえてきた。不思議な音だった。

（いったい何の音だろう。こんなに遅くに、誰かが木を伐っているわけでもないだろうに……）

そう思いながら、半分眠りのなかでその音を聞いていた。

まだ起きていたのだろう、渡辺が呟いた。

「今晩はよほど冷えるとみえる。外で天狗さんが木を伐っているわい」

それを聞いて眠気がすっかり覚めてしまった。

「天狗さんが木を伐っている？　それはどういうこと？」

渡辺は、低く笑っていった。

「あの音のことをわしらはそういっているだけなんじゃが、本当は、木が裂ける音のことをいうんだ」

「木が裂ける音？」

「そうだ。こんな夜中に木のなかに入っていた水分が凍って膨張する。そうすると、木がたまらず大きな音を立てて裂ける。それがビシッ、ビシッという音なんだ」

なるほど、これが木の裂ける音か。それにしても、木が裂けるというより、天狗が木を伐っているといったほうが風流であると感心したものだ。その後も夜中に時々鳴っていた。

翌朝、ところどころ木が引き裂かれたような姿をさらしているのに出くわした。無残なものだった。

後年、ある本で、岩も割れ目に滲み込んだ水が夜間の冷え込みで凍結し、割れることがあると知った。その時、「キン、キン、キン、キィーン」と、まるで岩にハーケンを打ち込んだような金属的な音がするという。その名も「ハーケンの歌」と呼ぶのだそうだ。

天狗が木を伐る音にしろハーケンの歌にしろ、自然の音に耳を傾けられる余裕がそんな命名につながったのだろう。

第36話　天狗のテーブル

北八ヶ岳・しらびそ小屋主人　今井行雄（談）

すでに本書に二回登場したしらびそ小屋主人今井行雄。不思議なことをいろいろと体験している人だ。

しかし、今井は「この広大無辺な宇宙のなかには、ほかに生命体がいると思うし、UFOぐらいはきていると思うよ」（第16話）、「リスがかわいがってくれた兄を慕って鳴くこともあるよ。動物は人間より賢いからね」（第27話）と、意外にあっさりしている。そんな今井が「どう考えてもわからないことがひとつある」といい、とっておきの不思議を教えてくれた。

「大きな岩が、それまでなかったのに急にそこにあるんだ。テーブルのような岩で、人間が運ぶには無理な大きさなんだ。ただあるだけなんだけど、不思議でならないんだよな」

UFOには驚かないのに、岩がただそこにあることに腕を組み、首を傾げる今井。その表情があまりに真剣なので、現場に案内してもらった。

しらびそ小屋から中山峠方面に歩くこと約三十分。峠の少し手前に、稲子岳《いなごだけ》へ向かう道が現れた。そこからほんの少し行ったシラビソやコメツガの林のなか、岩はそこにあった。テーブルぐらいの岩で、あつらえたように上が平らになっている。

「最近までなかったんだ。ある日通ったらドンとここにあった。誰かがいたずらして運んだのかなと思ったけれど、何トンもあり無理だろうし、運んだとしても目的がわからない」

前からあったのを見間違えたか、あるいは上から落ちてきた岩ではないか。

「もし、上から落ちてきたら、周りの樹木がなぎ倒されているはず。しかし、一本も倒れてない。それに稲子岳に行くために通っている道だから変化にはすぐ気づくよ」

今井は、コマクサの世話をするために稲子岳に通い続けている。今では稲子岳は知る人ぞ知るコマクサの大群落地になっている。三十年以上も前から通い続けて世話した結果だ。そんな歩き慣れた道だから、何か変化があればすぐに気づく。やはりこの大岩は突然、そこに現れたのだ。

では、この岩はどこからきたのか。今井が指差したのは、五メートルほど離れた場所。

「この岩はそれまでそこにあったんだ」

見ると、足元に岩の大きさほどの穴がぽっかりと開いている。そこから岩が移動したことは容易に想像できた。地震か何かの影響で移動したのではないだろうか。

「斜面にあるのならずり落ちるかもしれないけれど、同じ平らな場所にあるから、掘り起こして引きずらないと移動できないんだ」

よほど大きな地震でも起きない限り、岩が地面から飛び出して移動するなんてことはないだろう。しかし、これといった地震は起きていない。起きたとしても、それほど大きな地震なら岩だけの移動では終わらないだろう。

「ここは天狗岳の麓《ふもと》だから、天狗がこの岩をテーブルにして宴会をしたか、あるいはＵＦＯに乗った宇宙人がやってきていたずらしたか、どっちかだなぁ」

今井はそういって笑いながらその大岩に腰をかけたが、「やっぱり、わかんねぇ」と首を傾げた。

第37話　消えた戦闘機

登山者　佐藤信（談）

「丹沢の山中に、戦争の時に墜《お》ちたアメリカの戦闘機があるのを知っているかね？」

こういったのは、丹沢のとある山小屋で知り合った佐藤信だった。みんな首を振った。

「やっぱりね。でも、本当なんだよ。以前、噂を聞きつけた新聞記者が案内してくれといってきたので連れていってやったんだが、谷の奥へ奥へと進んでいくと、こんな奥まで知ってるなんて、あなたはシカの密猟者じゃないかといわれてね。急に案内したくなくなって、迷ったふりをして戻ってきたことがあったよ」

佐藤は笑ったが、「私のどこが密猟者なんだ。シカがかわいくて、山を歩いていて、それこそ密猟者が仕掛けたくくり罠、そう、もがけばもがくほど首が絞まる罠、それを見つけると、壊しているというのに。冗談じゃないですよ」と憤慨していた。

佐藤は、その日、ふらりと山小屋にやってきた。五十がらみで、山小屋の主人と親しそうだった。「今日もこれかい？」と主人が人差し指を立てた両手を頭の上に載せていうと、佐藤は「そうだ。それしか能がないからな」といって笑った。

「で、今日の収穫は？」

「うん、三本あった」

何の話だろう、イワナか何かの話だろうか。

「最近では珍しくいいものだ」、佐藤がリュックから木の枝を取り出した。

「木の枝ですか……」と思わず私がいうと、主人が「違う、違う、枝じゃなくて、シカのツノだよ」と教えてくれた。

「シカのツノ？」

初めて近くで見たのだが、確かに飴色をしたシカのツノだった。

「そう、シカのツノ。この人は、長い間、丹沢でシカのツノを拾って歩いている人で、もう千本以上もあるそうだ」

佐藤は、日頃、自宅で機械の修理を生業《なりわい》としているが、時間があると、丹沢に入りシカのツノを拾って歩いているという。丹沢は子供の頃から親しみ、ツノは二十歳の頃から拾い始めたというから、三十年は続いている。私は、急に興味を持った。そして、ツノはいつ頃落ちるのかとか、どこにツノは落ちているのかなどいろいろ訊いた。

佐藤によると、オジカのツノは、生まれて二年してから落ちるという。最初は二十センチほどの割り箸のようなもので、それから毎年長さを三センチぐらいずつ伸ばしながら、春に落とす。いいツノは、十二、三年経ち、七十センチほどになったものだ。その年になると、シカも体ががっしりしているため、ツノも全体的に逞《たくま》しく見えるらしい。それをピークに、十八年ほどで寿命を終える。おもしろいのは、シカのツノは三段になっているのが普通だが、家族によって、その段の位置や模様、先のとがり具合などが微妙に違うという。人間の親子の顔が似ているように、シカのツノは家族単位でほとんど同じ形をしていて、歩いているオジカのツノを見ると、誰の子かわかるらしい。

「ツノを探していると、いろんなものを発見するけど、そのひとつにおもしろいものがあった」

ツノの話をしている最中、米軍の戦闘機の話になったのである。戦闘機は半分土砂に埋まっていたが、形はまだ残っていたという。見つけたのは二十年ほど前のことらしい。

「見てみたいものですね。シカのツノを探しながら、私を連れていってくれませんか」

無理を承知でお願いすると、佐藤は「久しぶりに明日行こうと思っていたから、よかったらついてきてください。でも、歩けるかな」という。「大丈夫、ついていけます」、声を大にした。かくして私は、佐藤と戦闘機の残骸があるところに向かうことになった。

翌朝、いきなり登山道から外れた。そして、獣道としか思えないような急な坂を黙々と下っていった。地面からあまり足を離さず、舐《な》めるように歩く。佐藤は一日四十キロも歩くことがあるという。

「かれこれ四十年は歩いているから、丹沢で知らないところはないね。歩いたところに赤ペンで線を引いたら、地図が真っ赤になったくらいだもの。それに地図の間違いをいくつも発見したよ」

急に佐藤がスズタケの前で立ち止まった。

「こんなところにツノは落ちているんだ。ブラブラして取れそうになると、いやがって、藪に入って引っかけて無理矢理取るんだよ」

佐藤は藪に入った。数分後、埃《ほこり》まみれになった佐藤の右手には立派なツノが握られていた。

「シカの気持ちになると、どこに落ちているかがわかるんだ。相手のことを知らないと、ツノも拾えない」

佐藤はさらに黙々と歩いた。岩を乗り越え、崖を登った。それこそ道なき道である。小さなピークにくると、佐藤は、岩に腰をかけながらいった。

「以前は、こんなところにいると、シカの群れがたくさんいて、よけるのが大変なほどだった。でも、今はあまり見かけなくなったな。ツノも小さくなってきている。山が全体的に痩せてきているようだ」

いったいなぜなのだろう。尋ねると、佐藤は、そばにあったスズタケを指差した。

「二十年ほど前から煤《すす》がつくようになったんだ。丹沢でも、東京や横浜側の斜面が特についていて、スズタケがどんどん枯れた。枯れるから地面が弱くなって土砂が崩れる。結局、山が痩せてだめになる。シカも餌がなくなり、どんどん町に下りる。すると、町ではシカが増えたということでハンターが撃ち殺し、ますますシカがいなくなる。その繰り返しだね」

佐藤は、ため息をつきながら立ち上がった。そして、さらに三十分ほど歩き続けた。

「もうそろそろだよ」

佐藤が振り返って笑った。しかしすぐに、「あれっ」というと、体を硬くした。

「どうしたんですか」

「戦闘機がなくなってる……」

「なくなってる?」

見ると、周辺は土砂で埋まっていた。

「そう、なくなってる。あんな巨大な戦闘機が……。信じられない」

佐藤は行ったりきたりして周辺を見渡していた。

「おそらく戦闘機はこの土砂の下だよ。崩れた岩の下敷きになっているんだ。それしか考えられない。丹沢の崩壊が思った以上に進んでいるってことだな」

佐藤は、そういって稜線を見上げた。岩がまたひとつ鈍い音を立てながら落ちていった。

第38話　風穴に響く愛犬の声

苗場山・遊仙閣小屋番　高波菊男（談）

平成六年のある朝のことだ。苗場《なえば》山頂にある山小屋のひとつ、遊仙閣の小屋番、高波菊男が山小屋で飼っていたブルルという雑種のオス犬が忽然《こつぜん》と消えた。高波にはよく馴れていて、逃げるような犬ではなかった。自宅の表札には五人の子供の次にブルルと書き込むほどかわいがっていた犬だった。放した際に熊に食われたか、あるいは神隠しにあったか、そのいずれかしか考えられない。

高波は、行方不明になったその日からブルルを捜し始めた。山頂には登山道が全部で七本あるが、順繰りに立って、行き来する登山者にブルルの消息を尋ねた。小赤沢《こあかざわ》に下りては集落を一軒一軒訪ねたり、赤湯《あかゆ》に下りては宿の主人に訊いたりしたが、消息はつかめなかった。しかし、高波にはブルルがどこかで生きているという確信があった。不思議なことに、高波には、助けを呼んでいるブルルの声がどこからともなく聞こえてきたからだ。それは悲鳴に近いものだった。

三日、四日と経っても何の消息も摑めなかった。そして、一週間経ち、ほとんど諦めかけた時だった。夕方に馴染みの登山者がやってきた。

「どうした、さえない顔をして」

「犬がいなくなって一週間になるんです。心配で……」

その男は少し考えていった。

「もしかしたら風穴《ふうけつ》に落ちたかもしれないな。頂上には小さいのと大きいのがあるから」

「風穴ですか」

「そう、ひとつはすぐ近くにあるから見てくる」とすぐに出かけていったが、戻ってくるのに十分もかからなかった。

「覗いたら犬がいたよ。きっと捜している犬だよ。でも、深くて俺には入れない」

高波は弾《はじ》かれたように山小屋を飛び出した。山小屋からわずか二百メートル。それも登山道から数メートルしか離れていなかった。風穴といってもただの亀裂のようなものだった。覗くと、ブルルがいた。痩せ細って骨と皮だけになっていたが、高波の姿を見ると、尻尾を弱々しく振った。風穴の底までは三メートルほどあった。高波は草に摑まりながら下りた。入口は狭かったが、なかはトンネル状になっていた。

「こんなところにいたのか、このばか犬がぁ。心配したんだぞ……」

そういってブルルを抱き寄せた。ブルルは高波の口を舐めた。高波が唾液を出すと、ブルルは激しく舐めた。高波の涙も舐めた。

山小屋に連れ帰って水と食べ物をやると、飢えた獣のように喰らいついた。

高波は、男と再び風穴を見にいった。風穴は、火山が噴火し、溶岩の間をガスが通り抜け、そのまま固まった跡である。風穴のメッカ、富士山には、地下鉄が走れるほど大きな風穴がいくつもあるという。ブルルが落ちた風穴はそれほど大きくはないが、半分ほど土に埋まっていたことから推測して、本来は直径六メートルほどのものだったのだろう。それにしてもブルルはなぜ落ちたのだろうか。地表部分の亀裂は飛び越えられる程度の大きさだった。

「この風穴のほうでよかった。もうひとつの、大木も吸い込んでしまうという風穴に落ちていたら助からなかったと思うよ」

「それはどこにあるんですか。登山者が落ちたら大変なので教えてほしい」

「実をいうと、話には聞いているけど、実際にどこにあるのかは知らないんだ」

高波は、さっそく探すことにした。双眼鏡を片手に何日も山頂付近を歩き回った。しかし発見には至らなかった。ただ、池塘《ちとう》が点々とし、トキソウ、ワタスゲなどの花が咲きほこるいつもの苗場山があるだけだった。

それから五年以上も経ったある日のことだ。朝から雨模様でキャンセルが続出した。小屋番にとっては「死に雨」である。こんな時ブルルがいると、話し相手になるのだが、ブルルは、風穴に落ちてしばらくして死んでしまった。ショックで体調を崩したらしい。

高波は、寂しさを紛らすために、雨のなか傘を差しながら稜線を歩いた。初めは池塘の水面を静かに打っていた雨が、やがて激しくなった。池塘から水が溢れ出て、あちこちの窪地に溜まり始めた。それはすぐに濁流となって、賽《さい》の河原から低いほうへ低いほうへとS字状に蛇行していった。

（ああ、こうやって沢ができ、山頂から麓へ水が流れていくのか）

高波はそう思いながら濁流の行方を見ていたが、不思議なことに数百メートル先で流れが消えているのがわかった。

（もしかしたらあそこに巨大な風穴があるのかもしれない……）

高波は強く降る雨も気にせずに黙々と進んだ。十五分ぐらいして、山頂で一番大きい池塘、別名「天狗の池」の近くまできた時だ。

「あっ」と声を上げ、立ち止まった。足元で濁流がそれ以上先に進まず、一箇所に集まり呑み込まれているのだ。まるで鳴門の渦潮だった。眩暈《めまい》を感じた。高波は、足を滑らせて転び、一瞬気を失った。その時、頭の上でブルルの狂ったように吠える声が聞こえた。高波は、はっと我に返った。斜面をずり落ちていくところだった。高波は必死に草を摑み、ようやく這《は》い上がることができたが、片一方の長靴がなくなっていた。振り返ると、渦のなかに今にも吸い込まれていくところだった。

（今度はブルルに助けられた）

ブルルは死んでもそばにいてくれていると高波は思い、心のなかで「ありがとうな」と呟いた。

翌日は快晴だった。高波は改めて風穴を見にいった。昨日の濁流はなくなっていたが、そこには、深さ五メートル、南北に約百メートルほども続く巨大な風穴の跡があった。現在は、天井部分が崩落し、風穴というよりは空堀のような窪地が続いている。高波は草に摑まりながら下りていった。一箇所、岩が寄り集まっているところがあった。ちょうど、昨日、濁流が吸い込まれていった場所である。想像したほどの大きな穴ではなかったが、おそらく以前は、大きな穴がぽっかりと開いていて、大木ばかりか岩までも呑み込んでいったに違いない。だが、長い年月の間に数多の岩石が流れ込み入口を塞いでしまったのだろう。これなら登山者ばかりでなく、犬などが入り込む心配はない。

しかし、雨が激しく降ると一変して、濁流を呑み込み、手のつけられない状態になるのである。まさに苗場山のブラックホールである。

（ここから入った水はどこへ行くのだろうか。川となって海に注ぎ込むのだろうか。それとも誰も知らないどこかへ流れ出ていくのだろうか……）

風穴を通った水の行方は未だにわからない謎であるが、高波にとって、ブルルが風穴に落ちた時に聞こえた助けを求める声や、高波が一瞬気を失った時に聞こえたブルルの声は、少しも不思議ではないという。ブルルは、高波の心のなかに今も生き続けているからだ。

苗場山頂は、湿原地帯になっており、多くの池塘が点在。初夏からワタスゲをはじめ
チングルマなどが咲きほこり広大なお花畑となる。この山頂付近に風穴が隠れている

第39話　七年に一度山中に現れる幻の池

静岡県磐田《いわた》郡水窪《みさくぼ》町（現・浜松市天竜区）。この町の山中に七年に一度現れる幻の池がある。「遠州七不思議」*のひとつにも数えられるほど有名な池である。現れる場所は池の平（標高六五〇メートル）と呼ばれるところで、水窪町の南西部、佐久間町との町境に近い標高八八〇メートルの亀ノ甲山の中腹である。

日頃、ここは、何の変哲もない杉林である。近くに沢もなく、まったく水気はない。しかし、ある日突然、水が溜まり、池になってしまう。それも南北に八十メートル、東西に三十メートル、周囲二百メートルで、一番深いところで三メートルもある大きな池である。水は澄んでいて水底まで見え、木洩れ日が差すと、ことのほか美しいという。しかし、一週間から十日もすると水が引いて、元の暗い杉林に戻ってしまう、何とも不思議な池なのである。

ちなみに今まで池の出現が記録されているだけでも次のとおりである（水窪町資料）。

昭和二十九年（日付不明）

昭和三十六年（日付不明）

昭和四十三年（日付不明）
昭和五十年八月二十六日
昭和五十七年八月十一日
平成元年九月八日

この池を発見したのは、現場近くで枝打ちなどの作業をしていた森林組合の人たちだった。仕事をしていると、「ブスーン」とか「カーン」という奇妙な音がして、見にいくと、いつのまにか水が溜まっていたという。

昔は水が溜まったと聞きつけると、お祭り騒ぎになり、地元の人がみんなで登って水を汲んだ。その水は、胃腸の妙薬になるそうだ。しかし、不思議なことに、数日して池の平の水が引いてしまうと、汲んでおいた水も空になってしまったという。

伝説によると、浜岡町（現・御前崎市）にある桜ヶ池の竜神様が信州諏訪湖に行く途中、休息するために池の平に立ち寄る。その時に水が湧くのだといわれている。

伝説はともかく、なぜ、こんな具合に池ができるのだろう。水窪町によると、地下水説、水溜まり説など諸説が出たそうだ。しかし、まず標高が高いために地下水は上がってこないということで、地下水説は却下された。また、水溜まり説も、周辺の地層は岩盤で固いので、雨が降ると斜面を流れ下り、溜まらないという結論に達した。

その一方で、下草が池を作るという説も出た。夏になると、草が増える。すると、草が水を蓄える。蓄えられた水が少しずつ集まり池になる。草がダムの役目をするというのである。実際、池ができた昭和五十年と五十七年は、植物が一年中で一番繁茂する八月に当たっていた。平成元年もそれに近い九月初旬だ。草が池を作るという説が最も有力なようだ。

ところで、平成元年の七年後、つまり平成八年も池はできたのだろうか。水窪町役場産業課の職員はこういう。

「役場も興味があり、夏に監視カメラを設置して真相解明をしようとしました。しかし、いくら待っても池はできませんでした。八月はおろか九月になっても現れませんでした。監視カメラはその後も一年ほど置いておきましたが、結局、翌平成九年も出現しませんでした」

それまでの周期からすると、出現してもよいはずだったが、不思議と現れなかった。ここにきて出現リズムが崩れてしまったようだ。なぜか。

「自然現象なので何ともいえませんが、なかには竜神様が恥ずかしがりやなので、監視カメラがあるから出てこないのだという人もいました。だからというわけではありませんが、監視カメラは撤去しました。維持費もかかることですから……」

ところが、皮肉なことに監視カメラを撤去した翌平成十年十月二日、林業関係者から池ができているという報告があった。現場に行くと、確かに池ができていた。実に予定より二年遅れただけでなく、月も八月ではなく、十月になっていた。もはや草もほとんど枯れていた。これでは草が水を溜めるというダム説も怪しくなった。人々は、監視カメラが撤去され静かになったのを確認して、ようやく竜神様が現れたのだと噂したのだという。

では、次に出現するのはいつか。七年周期にこだわれば、平成十七年である。あるいは、遅れた二年を差し引くと、平成十五年である。しかし、十五年、十六年、十七年も結局、池はできなかった。

次にできたのは、平成二十二年八月二十日だった。実に前回より十二年も遅れていた。こうなると、もはや「七年に一度」という周期もないものと同じといえよう。しかし、一度できなかったとはいえ、昭和二十九年から九回目の七年目に起きる年だったのである。

この次はいつか。平成二十二年の七年後は平成二十九年である。できるかどうか。しかし、これればかりは、竜神様のみぞ知る？　なのである。

＊「遠州七不思議」といっても七つとは限らず、その土地によって違い、総数にすると、百あるいはそれ以上もあるといわれている。

第40話　雲が教えてくれたこと

陣馬山・清水茶屋主人　清水辰江（談）

前に「大きな天狗」（第23話）を話してくれた、陣馬山の山頂で清水茶屋を営む清水辰江は、三十年以上も富士山と富士山にかかる雲を描き続けてきた。

今は、病気をしたため、茶屋の仕事は弟や甥に任せ、たまにしか上がらなくなってしまったが、それ以前は、真冬でも毎日、茶屋と自宅を往復した。そして登山者のために温かい食べ物などを用意してきた。その仕事の合間、茶屋から見える富士山に変わった雲が出ていると、スケッチをしたのである。

スケッチといっても、茶屋をひとりで切り盛りしていたために時間をかけられない。清水は、いつもポケットに入れてある古い名刺を取り出して、その裏側に鉛筆で描いた。ものの数分とかからなかった。しかし、雲の形などは、まるで空から切り取られたようにしっかりと描かれていた。日に何枚となく描き、気に入った構図があると、自宅に戻り、大きな絵に描き直した。その数、五百枚とも千枚ともいわれ、今までデパートなどで何度も個展を開き、好評をえてきた。

そんな清水には雲にまつわる不思議な体験がいくつかある。そのひとつは、ある日、陣馬山から丹沢山塊を見ていた時のことだ。檜洞丸《ひのきぼらまる》から犬越路《いぬごえじ》、そして大室山《おおむろ》の中腹にかけて滝雲が現れていた。

「まるでナイアガラの滝のように、雲が滝となってゆっくりと流れているのが見えたのよ。とても巨大で、幅は三十キロもあったように思うね」

清水は、今まで何度も陣馬山やいろいろな山から流れ落ちる滝雲を見てきたが、それほど巨大な滝雲を目にしたのは初めてだった。

清水は、登山者たちと「何か不吉なことが起きないといいけどね」と話していたそうだ。そういっているそばから、今度は富士山と奥秩父との間に虹がふたつずつ、それも二箇所に立っているのが見えた。そのなかのひとつの虹は七色ではなく、四色だった。虹はきれいなものとばかり思っていたが、不気味な虹もあるものだ。「四色は縁起が悪い。何も起こらないといいね」と再び語り合ったという。

その夜、テレビに日航機が消息を絶ったというニュースが流れた。昭和六十年八月十二日、五百名にも及ぶ犠牲者が出た航空機墜落事故が起きた日である。あとで事故機の飛行経路が発表された時、清水は驚いた。

「飛行機はあの滝雲の上を飛び、それから虹が出た付近を通っていったみたい。そして、奥秩父を越えて御巣鷹山《おすたか》に墜落したようだね」

雲や虹の様子と大事故とは何か関係があるのだろうか。あるいはたまたま偶然が重なっただけなのだろうか。

不思議な雲といえば、「地震雲」というのもある。やはり、清水が陣馬山で見た雲だが、今まで見たこともない奇妙な雲だったという。

「まるで火事の煙を巨大にしたような雲でね、山頂から山梨方面を見ていたら、もくもくと下から黒い煙状のものが上がってきて、火事だと思ったほどだった。でも、火事の煙はそんなに大きくは見えない。変わった雲だなと思い、やはり何か起こらなければいいが……と心配になったものですよ」

ちょうどその日、清水が茶屋に上がってくる途中、知人が庭の池の鯉を見ながら首を傾げていた。清水がどうしたのかと訊くと、「鯉がやたらと跳ねて、気味が悪いんだよ。地震でもなけりゃいいが」といっていた。清水は、そのことを思い出し、まさか近々地震でも起きるのではないかと不安だったという。

しかし、数日しても何も起こらなかった。清水は、すっかり雲のことを忘れていたが、一週間後の昼、茶屋が大きく揺れた。突き上げるような地震だった。茶屋にあった缶ジュースや厨房の鍋などが転げ落ちた。幸い、登山者にけがはなかったが、清水は早々に山を下りた。自宅に戻ると、テレビで地震のニュースをやっていた。清水は、食い入るように見た。気象庁は、震源地を山梨県の東部と発表した。山梨県東部といえば、一週間前に「地震雲」と清水が名づけた奇妙な雲が出ていた方面だった。清水は、鯉といい、雲といい、地震を知らせる何かが潜んでいたのだと思った。

三年ほど前の春のことだ。天気もよく、体調もよかったので、清水は、久々に陣馬山に登ることにした。甥に和田峠まで車で送ってもらい、それからゆっくりと山頂にある茶屋まで三十分ほどかけて登るのである。山頂にくると、登山者の明るい声が聞こえる。富士山もよく見える。やっぱり山はいい。

ふと富士山のほうを見ると、不自然な黒い雲が浮いていた。何だろう、また、地震雲だろうか。下から突き上げてくるような雲ではなく、頼りなげに浮かんでいる。清水は、初めて見る雲に首を傾げていた。さらにその雲を見ていると、もぞもぞと少し動いているのがわかるのだった。しかもそれがゆっくりとだが、こちらに向かってくる。

「何だろう、何だろうと思っていたら、あっというまに空が暗くなり、急いで茶屋に逃げ込んだのよ」

茶屋の窓から見てみると、何千、何万羽かと思われる鳥の群れだった。

「何かから逃れるために必死だったようだね。コガラみたいな小さな鳥たちがたくさんいた。壮観というより気味が悪かった」

まるでヒッチコックの映画『鳥』のワンシーンのようだ。不思議なのは、これが一週間続き、パッタリとやんだことだ。

「いったい何から逃れるためにあれだけの鳥が飛んできたんだろう。そして、どこへ行ってしまったんだろう」

清水は、何も起こらなければいいが……、と願いながら空を見上げた。

第41話 「更級日記」と富士噴火の謎？

「更級《さらしな》日記」が菅原孝標女《すがわらのたかすえのむすめ》によって書かれたのは、千年近くも前の平安時代中期のことである。作者が五十歳を過ぎてから、来し方を振り返ってさまざまなことを綴った日記文学である。

冒頭は、一〇二〇年（寛仁四年）、父の任地である上総《かずさ》（千葉県）から京へ帰る道すがらから始まっている。作者がまだ十三歳の時である。松戸を過ぎ、品川を通り、そして、箱根火山のいちばん端に当たる矢倉岳《やぐらだけ》の山麓に入る。そこには、当時、官道だった足柄道《あしがらどう》が通っていた。今でいえば、東名高速道路にでも匹敵するような重要な道だが、当時は明かりがないばかりか、山賊まで出るといわれた道でもあった。

「やうやう入《い》りたつ麓のほどだに、空のけしき、はかばかしくも見えず。えもいはず茂りわたりて、いと恐ろしげなり」と描写している。父親をはじめお付きの人たち数人と歩いた道だが、相当怖かったようだ。しかし、幸い、無事に足柄峠に立った。目の前に富士山が見えた。

「山の頂のすこし平ぎたるより、煙は立ちのぼる。夕暮れは火の燃え立つも見ゆ」

作者は富士山の噴火を見て、そのまま描いているのである。そして、この噴火を見上げながら、京へ向かっていっている。

しかし実際は、一〇二〇年には富士山は噴火していない。ではいつ噴火したかというと、それより、三年前の一〇一七年（寛仁元年）だった。富士山の北方の三箇所で噴火している。ちなみにその噴火は有史以来十二回目の噴火として記録されている。

では、文章のなかに出てくる噴火は、作者の記憶違いか、あるいは何かの間違いか。それとも記述をおもしろくするために作者が考えたフィクションか……。しかし、いくら何でも富士山が噴火していることなど、フィクションとして書けるものではないと思われる。もしかしたら、誰かから聞いた話でも書いたのだろうか。

そこでいろいろと資料を調べてみた。気象庁の「富士山　有史以降の火山活動」には「一〇一七（寛仁元年）噴火？　詳細不明　一〇二〇（寛仁四年）火映　秋」とだけ書かれていた。これではよくわからない。静岡大学教育学部総合科学教室の資料にはこう記されていた。

「……彼女が見た富士山は、噴気を漂わせていたとはいえ噴火中のものではなく、『夕暮れは火の燃え立つも見ゆ』という記載は火映現象を記述したものと考えられる。つまり、一〇二〇年の秋、富士山の山頂火口には赤熱した溶岩湖または（夜間に赤熱光を出すほどの）高温の火山ガス放出現象があった。このことから、当時の富士山の火山活動は（噴火中ではないとはいえ）高いレベルの状態にあったことがわかる」

火映現象とは、赤熱した溶岩が雲や噴煙に映って赤く見えることという。菅原孝標女は、そんな火映現象を見て「山の頂のすこし平ぎたるより、煙は立ちのぼる……」と書いたのだろう。富士山の「噴火」は作者の創作でも聞き書きでもなく、実体験だったのである。

ちなみに、富士山が噴火した最後は、一七〇七年（宝永四年）である。今から三百年ほども前のことになる。現在に至るまでこれほど長い間噴火しなかったことはないという。それからすれば、明日噴火してもおかしくない状況だといえよう。

「山の頂のすこし平……」と私も書いてみたい気がするが、果たしてそんな日はくることがありやなしや。

Ⅳ　ひとの不思議

第42話　ザックの中身

中央アルプス・ホテル千畳敷元山岳対策支配人　木下寿男（談）

「登山者を見ると、この人は、遭難しそうだな、死にそうだな、というのがすぐにわかります。どんなに元気そうにしていても、その人の背後に霊のようなものが見えるからなんです」（第11話）と語っていた「鬼軍曹」こと木下寿男。現役だった頃は、勤務先のホテル千畳敷の前で、一年中登山者の指導を繰り返した。装備のしっかりした人はもちろんいたが、その一方で、いったい何を考えているのだろうというような者もいた。特に中高年に多かった。

例えば、登山口で、ある中年の男が首を傾げていた。近寄ってみると、「おかしい、このアイゼンは壊れている、買ったばかりなのに」といいながら、登山靴にアイゼンを合わせようとしている。それを見た木下は啞然とした。なぜかというと、アイゼンの爪のほうを上に向けて履こうとしていたのである。

「登山用品店のいいなりに買って、装着方法も知らないで山に入ったんだ。買うほうも買うほうだが、売りつけるほうも売りつけるほうだ」

それにしても、アイゼンの履き方も知らないで冬山に登ろうなんて、何ともレベルの低い話である。ピッケルの使い方も知らずにピッケルを持って山に登るようなものだ。どうやって山を歩こうというのだろうか。普段はやさしく諭す木下だが、その時ばかりは登山中止を強く訴えた。さすがの登山者も諦め、山を下りたそうだ。しかし、それはまだましなほうだという。

こんな中年の女性もいた。登山者名簿に記入もしないで指導所の前を通り抜けようとした。その女性を目にしたとたん、木下はいやな予感がした。普通の登山者と様子が違う。何かしら死の予感がした。木下に目を合わせようともしない。

「元気なさそうですよ。今日は登るのをよしたらどうですか」

「上の山小屋に予約を入れてあるので行きます。今まで何度も歩いていますから平気です」

女性は木下の注意を聞こうとしなかった。木下には止める権限はない。しかたなく気をつけて行ってくださいと送ることになった。

夕方、木下は山小屋に連絡した。その女性が行っているかどうか知りたかったのである。しかし、泊まるといっていた山小屋にもその近所の山小屋にも姿を見せていないという返事だった。

（いったいどこへ行ったのだろう……）

木下は、山小屋の人に、もしかして遭難したのかもしれないので周辺を捜索してほしいと頼んだ。やがて、稜線の岩陰で亡くなっている女性を発見したという連絡が入った。木下が話した女性の衣服と一致していた。

木下は確認するために現場に急行した。確かに木下が捜していた女性だった。

「いったいどうしてあんな岩場で亡くなっていたのかがわからない」

発見した山小屋のアルバイトがいった。登山道から少し入った、遭難しそうにもないところだった。

しかし、それ以上にわからなかったのは、女性のザックの中身だった。食料はいっさいなく、衣類もなかった。なかにあったのは、銀行と郵便局の預金通帳の束だった。そのどれもが同一女性の名義で、金額もそれなりにあった。

「いったい何をしに山にきたのだろうか。もしかしたら死ぬためか……」

詳しいことはわからなかった。おそらく何か事情があり、世をはかなんで岩陰で自殺したのだろう。それにしても、お金をあの世まで持っていって何をするつもりだったのだろうか。

中央アルプスの千畳敷。約二万年前の氷河期に氷で削られたカール地形。
三千メートル近いここは、夏になると、高山植物が咲きほこり、多くの観光客や登山者で賑わう。しかしその一方で、千畳敷一帯は、夏は滑落、冬は雪崩などで遭難が多く、全国でも有数の事故多発地帯といわれている

第43話　謎のバンダナ

奥多摩・雲取山荘主人　新井信太郎（談）

数年前の秋のことである。雲取山にひとりで登った東京在住の女性、それも明治生まれで九十歳になる女性が遭難した。下山予定の日になっても帰ってこないと、家族から捜索願いが出たのである。すわ、一大事。地元の秩父警察はもちろん、山小屋関係者らが捜索隊を組んでその女性を捜し始めた。

最初はすぐに見つかると思っていた。女性の山行の予定がだいたい摑めていたからだ。泊まった三条の湯で、若主人に「明日、雲取に登り、鴨沢《かもさわ》に出て、バスで奥多摩に行く」と話していた。その道筋を捜せば、どこかにいる女性を救出できるとみんなは考えた。

大勢の関係者が出て隈なく捜した。しかし、なかなか発見できなかった。そのうち、その女性は鴨沢に向かわず、三峰に向かったことがわかった。登山者からの情報である。

「三峰から登った時、雲取山の下でそれらしい女性に会った。鴨沢に行く予定だったけれど、気が変わって三峰から下りるといっていました」

捜索隊は、急遽、方針を変え、三峰方面を重点的に捜した。もしかしたら、枝道を下りて近道をしたかもしれない。枝道も調べないといけない。そのひとつ、三峰へ向かう途中にある、お清平《きよだいら》から太陽寺《たいようじ》へ向かう道にも下りて捜した。その道は、雲取山荘の新井信太郎が自宅のある秩父市へ向かう道でもあった。通い慣れた道だった。

捜索隊は、道のところどころで立ち止まると、声を上げて、反応を待った。しかし、シカの鳴き声はするが、女性の救助を求める声は聞こえてこなかった。そうこうしているうちに、一日、二日と経っていった。標高千五百メートル前後ある稜線は、秋といえども氷点下に近くなる時もある。早く捜し出さないと、凍死することも考えられる。捜索隊は気持ちが焦るばかりだった。さらに応援を頼んで捜した。女性が歩いたと思われる道を何度もしらみつぶしに捜した。もうこれ以上、どこを捜したらいいのだろうと思うほどだった。

そして、数日経ったある日のことである。捜索隊のひとりが念のためにと、最後にお清平と太陽寺の中間辺りを捜していた時だった。その登山道に一枚の女物のバンダナが落ちていた。それまで何人もが交代で歩いたが、見かけなかったバンダナだった。突如現れたのである。

「これは行方不明の女性のものです」、捜索隊のひとりがいった。不思議なバンダナの出現だった。

もしかしたらこのあたりで倒れているかもしれない。大声で呼んでみた。しかし、返事はなかった。登山道から下りて、沢筋を歩いてみた。すると、すぐ近くの沢筋に座るようにして人がいるのが発見された。それが九十歳の女性だった。残念ながらすでにことされていた。

その登山道は、危険なところはなく、何でもないごく普通の道で、自然林が生い茂る快適な山道だった。そんな何でもない道でなぜ亡くなったのか。そして、なぜそこにバンダナがあったのか。

捜索隊の間では、「風に吹かれて偶然に飛んできたんだろう」という人もいたが、新井は、「亡くなる前に発見してほしくて、バンダナを登山道に置きにいったのではないか」と推測する。

「勝手な推理だけれど」

新井は前置きをしながらこう話す。

「死に場所を求めていたと思う。三条の湯を出たあと、鴨沢に行くことにしたが、人が多いので三峰に変えた。しかし、三峰方面でも人に会った。そこで人通りの少ないお清平から太陽寺方面に向かった。二回も道を変えるということに意図的なものを感じる。人がこないほうへこないほうへと向かっている気がする。そして、ようやく静かな場所にたどり着いた。しかし、死期が近くなってくると、さすがに心細くなり、せめて死後は発見されたいと願う。バンダナを、最後の力をふりしぼって登山道に置いて、再び沢筋に戻ったのではないか。富士山の樹海で自殺する人のほとんどが、発見されるのを期待してか、樹海の奥ではなく、道路の近くで自殺するように」

新井は、その遭難があったあとも、同じ道を通って山小屋と自宅のある秩父市を往復している。

「毎年、亡くなった秋には花束が手向《たむ》けられているのを見かける。遺族なんだろう。亡くなったあともそうして気にかけてくれる遺族がある人がなぜ、こんなふうな最後を迎えたのか……。現場を歩くたびに考えるけれど、未だにわからないんだ」

第44話　黒ずくめの遭難者

丹沢・鍋割山荘小屋番　草野延孝（談）

　五年ほど前のことである。夕方、鍋割山荘の草野が小屋を閉めて二股まで下りてくると、秦野署の警官が何人もいた。

「何か事件でもあったんですか？」草野は訊いた。

「登山者から人が死んでいるという連絡があり、きてみたら、やはり女性が死んでいました」

　警官が答え、すぐに続けた。

「そうだ、ちょうどいいところへきた。ちょっと見てもらえませんか。何か心当たりがあったら教えてください」

　草野はまさか自分の山小屋へきていた人ではないだろうな、と心配になった。警官に連れられて沢を上がっていくと、黒ずくめの服を着た女性がうつぶせになって死んでいた。

「顔をちょっと見ますか」

　草野はいやな気がしたが、思いきって見ることにした。蝋人形のように白い顔をし、乱れた髪が不気味だった。見たこともない女性だった。

「知らない女性ですね。うちの小屋では見かけたことはないですね」

草野は首を振った。

「そうですか。たまたまこの山にきて死んだということになるのかな」

「自殺ですか、他殺ですか」

「いや、それがまだわからない。どちらの可能性もある。これから解剖して調べないといけない。身分証明書によると、看護婦らしいですがね」

「看護婦!?」

草野は看護婦といわれ、一週間ほど前に山小屋に見知らぬ男たちが訪ねてきたことを思い出した。

「そういえば……」

「そういえば?」

「ええ、一週間ほど前に三人の男の人がやってきて、人を捜しているといっていました。何だかいざこざがあって、女性が丹沢に行くといって、それ以来、家にも帰ってきていないので心配して捜しにきているといっていました。その時、女性は確か看護婦だといっていました」

「ほう、それで?」

警官はそういうと、草野に一歩近づいた。

「それでって、それだけです。帰り際、男たちは、もし黒い服を着て、ひとりで歩いている女性を見かけたら、心配して捜しにきた男たちがいたことを伝えてください、お願いします、といって下りましたからね」

「連絡先とかは？」

「なかったですね。僕も連絡先を書いた紙でも寄こすのかなと思ったけれど、寄こしませんでしたね」

「そうですか、残念ですね」

「お役に立ちませんで」

草野はそういうと、現場から離れた。そこは沢登りをする人以外は通らない道である。女性ひとりで沢登りをやるために入ったのだろうか。しかし、それはありえない。靴も普通の登山靴だった。登山靴では沢登りはできない。あるいはたまたま道を間違え、沢道に入り込んだのだろうか。そして、野宿しているうちに亡くなったのだろうか。しかし、登山道からそれほど遠くない場所だったから、登山者の声が聞こえていたはずで、助けを求めることもできたろうに……。草野は帰りの車のなかであれこれ考えてみた。しかし、これといった考えは浮かばなかった。

それから三か月か半年か経った頃のことだ。新聞を見ていると、四国のとある山中で男性の自殺死体が見つかったと出ていた。それだけならごく普通にある記事なので読み飛ばしてしまうが、記事のなかに「丹沢」「看護婦」という活字があるのが目についた。

「四国の山でなぜ丹沢が出てくるんだ？」

草野は興味を持って読み始めた。新聞によると、男は遺書を残していたが、そのなかに、先頃、丹沢で亡くなった看護婦は私が殺した。その罪に耐えきれずに、こうして四国の山中で死を選ぶことにした、というようなことが書かれていた。

草野はすぐに、二股で死んでいた黒ずくめの女性を思い出した。丹沢、看護婦、そして、亡くなった時期もほぼ同じだった。まず、間違いないだろう。そして、山小屋を訪れた三人のなかに四国で自殺した男がいたのではないだろうか……。

しかし、新聞記事からはそれ以上の推測はできなかった。人を殺したといっても、直接手を下すこともあれば、自殺へと追い込んだことも考えられる。いずれにしても罪の意識にさいなまれ、男は自ら死を選んだのだろう。

（女性の死は果たしてどっちだったのだろう）

草野にとっては未だにわからないミステリアスな事件である。

第45話　水晶山の遭難

奥秩父・笠取小屋主人　田邉静（談）

もう二十年以上も前の秋になる。奥秩父の雁坂峠《かりさかとうげ》の東側に水晶山《すいしょうやま》があるが、その尾根筋から少し下ったところで、若いふたりの女性の遺体が発見された。普通、二十年も前の遭難というと、記憶から消えていくものだが、笠取小屋の田邉静《たなべしずか》は、時折思い出して、あれはいったい何だったのだろうか、と考えることがあるという。

女性ふたりは、とある山岳クラブに入っていて、奥秩父の一部を縦走する計画を立てた。目的地は甲武信ヶ岳で下山先は西沢渓谷だった。初日は将監《しょうげん》小屋の横にツエルトを張って一晩過ごした。それから翌日、甲武信ヶ岳を目指して西に向かって歩き出した。

途中、笠取小屋に寄り休憩を取った。その時、相手をしたのは、長年小屋番をしていた田邉の母親だった。母親は、お茶を出しながら、いろいろと世間話をした。明るい女性たちだったという。そして「気をつけて行くんだよ」とふたりを見送った。彼女たちは振り返り、手を振りながら山道に入っていった。それが彼女たちを見た最後だった。

笠取小屋から水晶山までは、雁峠《がんとうげ》、燕山《つばめやま》、古礼山《これいやま》を経て三時間ほどかかる。その時間のなかで彼女たちの身の上にいったい何が起きたというのだろうか。

「私の出したお茶を最後に飲んで死んだんだよ、あの子たちは。わたしゃ、かわいそうで、かわいそうで、思い出すたびに泣けてくるよ」

田邉の母親は繰り返しいった。そして、ある時はこうも語った。

「夜にひとりでいると、あの子たちが亡霊になって出てくるんじゃないかと、わたしゃ、怖くて怖くて、後ろを振り返ったりもするんだよ」

行方不明になってから、彼女たちの捜索は何日も続いた。しかし、なかなか見つからなかった。が、彼女たちが入っていた山岳クラブの人たちがきて捜すと、やがて発見されたという。その時、不思議なことに、まるで彼女たちの遺体を隠すかのように枯れ葉が全体的にかけられていたというのである。

「誰かがふたりを殺して、枯れ葉をかけたのではないかともっぱらの噂でした。もし、ひとりが何らかの事情で亡くなり、もうひとりが横にいて、枯れ葉をかけてやったのなら理解できる。けれど、ひとりではなく、ふたりともに枯れ葉がかかっていたというのは、どう考えても不自然です」

田邉は首を傾げながらいった。

「小屋番をやっていても気味が悪くてしょうがない。いったい誰がやったんだろうと、我々は真剣に考えていましたよ。以前にも奥秩父で小屋番による殺人事件があり、そいつがやったんじゃないかと噂がしきりでした。山で小屋番が登山者に手を出すというのは、模範となるべき警官が罪を犯すようなものですからね」

当時、その殺人事件のせいで山小屋の小屋番の信用はがた落ちで、女性の単独登山者が激減した。そればかりか、山小屋のなかで登山者が語らっている場所に田邉が入っていくと、急に静かになり、何か噂されているようで身の置きどころがなかったと話す。

ふたりの遺体が発見されたあと、彼女たちの遭難に関して警察の聞き込み捜査が一帯で行なわれた。田邉も不審者を見なかったかなどと訊かれた。しかし、田邉は、これといった不審者も見ていなかった。

その後、この件は、殺人事件ではなく、事故として処理されたという。これといった決め手がなかったようだ。そして、いつしか誰も話題にしなくなった。

「二十年経った今でも時々思い出して、あれはいったい何だったのだろうと思う時がある」

田邉は繰り返し呟いた。やはり、ひとりならまだしもふたりに枯れ葉がかかっていたというのは不自然で、隠蔽するためとしか思われないからである。殺人事件だったのか、あるいは単なる事故だったのか、真実は未だ藪のなかだ。

第46話　消えたキスリング

大菩薩連嶺・介山荘主人　益田繁（談）

今となっては、空き家同然になっているが、大菩薩峠と上日川峠《かみにっかわ》のほぼ中間にある勝縁荘《しょうえんそう》は、小説『大菩薩峠』の作者である中里介山や『日本百名山』の深田久弥も泊まった山小屋である。

昭和三十一年九月のある日、秋雨が降っていた。夕方、勝縁荘で当時十九歳だった二代目の益田が小屋番をしていると、ひとりの高校生が「今晩、泊めてください」と入ってきた。見ると、全身雨で濡れていた。益田は「囲炉裏で乾かしなさい」と呼び入れながら、炭を追加した。すぐに暖かくなった。しかし、高校生はなかなか上がってこない。「どうした」と訊くと、「途中で財布を落として宿代が払えないんです」という。

益田は、「そんなのは今度でいいから、とにかく上がって。風邪をひくよ」と招いた。高校生は囲炉裏の横に座ると、黄色いキスリングからびしょ濡れになった飯盒《はんごう》、衣類、そして「三越で買った」という真新しい鉈《なた》を取り出した。

高校生は、飯盒でご飯を炊いた。益田は、味噌汁を勧めた。高校生は美味しそうに飲み、自分は東京の江東区からきた岡崎信一（仮名）と名乗った。落語家の春風亭柳橋の弟子で春風亭橋太という芸名もあり、時々、前座を務めているとも話した。
「じゃ、ひとつお願いできますか」との益田の声に、「お安い御用で」と座り直して、「じゅげむ」をやってくれた。益田がさらに頼むと「長屋の花見」なども出た。

　翌朝も雨だった。

「今日はどうする。塩山《えんざん》に戻ったほうが安全だよ」

「小菅《こすげ》に友達がいるので、そちらに向かいます。途中、大菩薩嶺を往復します」

　岡崎はそういうと、キスリングを肩にかけた。その時、思い出したように、「宿代は、来週また友達ときますので、その時払います。もし僕がこられない時は友達に託します」と話した。益田は「昨日の宿代は気にしなくてもいい。おもしろい落語を聞かせてもらったし」と答えたが、岡崎は「とんでもない」と首を振り、峠に向かった。

　ところが、それから二時間ほどもすると、岡崎が勝縁荘に戻ってきたのだ。

「大菩薩峠にキスリングを置いて大菩薩嶺から戻ったら、キスリングがなくなっていたんです」

　益田は、こんな雨のなか、登山者もいないのに、山でものがなくなるなんてばかげたことはないはずだと思い、何か変だと感じた。

　当時、峠にまだ介山荘はなく、ジュースなどを売る与八茶屋があるだけだった。岡崎は、キスリングを茶屋のベンチに置いて出かけたと力説した。益田は、岡崎とともに峠に立ち、周辺を見回した。すると、不思議なことに、小菅村から続く北側の斜面の道を登ってきた真新しい靴跡があるのを発見した。岡崎の靴跡とは違っていたばかりか、靴跡の泥水はまだ濁っていた。

「きっとこいつが持っていったに違いない」、益田は確信し、足跡を追った。熊沢《くまざわ》山方面に続いていた。その時、岡崎が二手に分かれたほうがいい、自分は稜線を行くから、益田には巻き道を行ってほしいと提案した。益田は巻き道を進み、石丸《いしまる》峠の手前で岡崎がくるのを待った。そろそろ合流していいはずなのに、やってこないばかりか呼んでも返事がなかった。

(おかしい……)

益田は、急に勝縁荘が心配になった。空っぽになった勝縁荘を岡崎が荒らすつもりではないかと思ったのだ。岡崎が鉈を握って勝縁荘を物色している姿を想像した。「財布を落とした」「キスリングが盗まれた」などの不自然な言動は、盗みのための工作だったのではと感じた。

勝縁荘に戻ると、誰か押し入った形跡もなければ物色された様子もなかった。疑いをかけて岡崎に申し訳ないと思った。が、五分もしないうちに岡崎が勝縁荘にやってきた。まるで跡をつけてきたかのようだった。

「石丸峠のほうから呼んだのに返事がなかったけど、どこへ行っていたんだ」

益田は再び疑念を持ちながら訊いた。

「僕も石丸峠のほうに行ってましたが、声は聞こえませんでしたよ」

益田は、声が聞こえないはずはない。この子は何か隠していると思った。益田は問い質《ただ》そうとしたが、岡崎は「来週またきます」と、止めるのも聞かず、小菅村方面に歩き始めた。益田は追いかけて、バス代を握らせた。岡崎は礼をいって受け取った。

翌週のことだ。確かに岡崎の友人が五、六人やってきた。しかし、驚いたことには、岡崎は一緒ではないどころか、「大菩薩に行ったきり行方不明になったので、みんなで捜しにきた」というのだった。

「そんな、まさか、嘘だろ。いったい、どういうことだい」

益田は、あわてて牛《うし》ノ寝《ね》通り方面に向かい、捜索を開始した。しかし、足取りは摑めなかった。

翌週になると、友人はもちろん岡崎の父親も捜索にきた。遭難はほぼ確実だった。益田は再び一緒に、大菩薩を歩き回った。やはり何ら手がかりはなかった。

岡崎の情報が入ったのは、二か月後の十一月だった。鉈が大和村《やまと》（現・甲州市）のとある民宿で発見されたのだった。民宿の経営者によると、宿泊した五十がらみの男が「必要ないからあげる」といって、黄色いキスリングのなかから出したという。男は、厚生省の役人で、奥多摩、大菩薩を視察で歩いていると話し、三つ揃いの背広姿だった。

警察が鉈を調べると、確かに三越で販売したもので、父親も岡崎が持っていたものと認めている。益田が見た鉈も同じものである。

警察によると、この男の足取りは、岡崎が行方不明になる直前に、奥多摩の七ツ石小屋、雲取山荘、そして三条の湯に泊まっていたことが明らかになっている。その間は、キスリングなどはなく、ほとんど手ぶら状態だったとの山小屋主人の証言がある。

三条の湯から大和村までの足取りは残念ながら摑めていない。しかし、三条の湯から丹波《たば》山《やま》村、小菅村、そして、大菩薩峠を越え、大和村に出たとすると、日程的にも岡崎の行方不明と合致する、と益田は語る。大菩薩峠で発見した足跡も、時間の流れからすると、男のものとほぼ断定でき、男がたまたま岡崎のキスリングを見つけて盗んだと考えられる。大菩薩峠から大菩薩嶺まで往復するたった一時間半ほどの間にである。

そしてキスリングを盗まれた岡崎は、牛ノ寝通りを歩いているうちに道に迷い、さらに奥深く入り遭難してしまったのではないか。

しかし、岡崎は、石丸峠で声をかけても返事がなかったり、益田が戻ってすぐに勝縁荘にやってきたりするなど、不可解な行動も多かった。益田は、もしかしたら、岡崎と厚生省の役人を騙《かた》った男は知り合いで、熊沢山周辺で会っていたのではないかと推測したりもする。そして、何らかの原因で喧嘩をして殺害され、山中に埋められたのではないか……。

四十年以上経った今でも、その後の岡崎の行方はもちろん、男の足取りも未だにわからず、真相は不明である。

第47話　オカリナ

奥秩父・三条の湯元主人　木下昇（談）

雨が降っていた。夕立の最中だった。三条の湯を営む木下昇の息子、浩一はまだ小さく、雨なのに外に出ようとせがんでいた。昭和四十年頃の夏の話だ。

しかたなく浩一を抱きながら外を見た。すると、軒下に少年がびしょ濡れになって立っていた。雨の中、雲取山から歩いてきて、ようやく三条の湯にたどり着いたのだろう。

「そんなところに立っていないで、なかに入ったらどうだい」、木下は声をかけた。

「ええ、でも……」

よく見ると、高校生のようだった。寒いのか唇を紫色にして震えていた。

「風邪ひくよ。さっさと入りな」

少年は、急に困った表情になり、「でも、僕、泊まるお金がないんです。ですから入れないんです」と下を向いた。

「お金なんか今度きた時でいいよ。それよりなかで温まってゆっくりしな」

少年は、すみませんといいながら入ってきた。木下は少年にタオルを渡すと、ストーブに火を入れた。木下の妻も少年にお茶を出したり、着替えのシャツを出したりした。やがて人心地がついたのか、少年の顔に笑顔が浮かんだ。退屈だった浩一も遊び相手ができて、さっそく少年の膝に乗っている。

「どこからきたの」

「東京です」

高校生と見えていた少年はまだ中学生だった。体格が立派で、口調もしっかりしていた。育ちのよい少年に思えた。

夕方、木下は、すっかり少年に懐《なつ》いた浩一をはじめ、アルバイトの子と一緒に十人ほどで食事をした。

少年がみんなを見回しながら、「家族が多いっていいですね」と笑いながらいった。

「君だって家族がいるだろ」

「ええ。でも、父は外国航路の船員をしているので、めったに家に帰ってこないんです。三か月か四か月に一度、長い時で半年に一回しか帰ってこないんです。ですからいつもお母さんとふたりだけで食事をしているので、こんな大勢で食べるのは初めてなんです……」

「そうか。お父さんは外国航路の船員をしているのか」

「ええ。今頃はどこにいるのかな。いつも外国から何か変わったものを送ってきてくれます。でも本当は、お土産より、サラリーマンみたいに毎日家にいてくれるのがいいなと思っているんです」

そういうと、少年は、ザックのなかから変わった形をしたものを取りだした。

「これはオカリナといって外国の楽器です。お父さんが送ってきてくれたもので、ここから息を吹くと音が鳴るんです」

少年は吹いてみせた。柔らかい音色で心地よい曲が流れた。手慣れたものだった。みんなから拍手が起きた。

「もっとやって」

みんながいったが、少年は恥ずかしいのか真っ赤になり、顔の前で手を振った。そして、

「これ、知り合った記念に浩一君にあげる。落とさないようにね」と浩一の手に握らせた。

浩一は、受け取ると、少年がしたようにオカリナに口をつけて息を吹きかけた。空気が抜ける音がしただけで鳴らなかった。浩一は驚いた顔をした。

「これはそうっと優しく息を送らないと鳴らないんだ。もう一回やってごらん」

浩一は、いわれたとおりに今度はゆっくりと息を送った。すると、きれいな音が出た。少年は「その調子、その調子」と浩一の頭を撫でた。浩一も嬉しそうな顔をした。

「それって高いものなんだろ。ましてや外国の品だ。そんなのを子供の玩具にしちゃもったいないよ」

「浩一君にあげます。弟みたいでかわいいから」、少年は繰り返し、浩一も「ありがとう」とお礼をいった。

翌日、木下は少年が帰るものと思い、交通費を渡そうとした。すると少年は、「しばらく

ここに置いてくれませんか。荷物運びでも薪割りでも何でもしますから。家にはまだ帰りたくないんです」と頼んだ。

「何か事情がありそうだな」

少年を椅子に座らせ、木下はいろいろと尋ねてみた。

「本当いうと、お母さんと喧嘩して家を飛び出してきたんです。小遣いは少しありましたけど、すぐになくなってしまいました……。でも、まだ僕が小学生の頃、お父さんとお母さんと三人できた雲取山に行きたくなって、やってきました。そして気がついたら、昨日、この小屋の前に立っていたんです」

「何でまたお母さんと喧嘩したんだい」

少年は答えづらそうだった。みるみるうちに目に涙が溢れた。

「お母さんにお父さんのほかに男の人ができて、それであんまり家に帰ってこないんです。食事もいつも僕ひとりで寂しくて……」

木下は愕然《がくぜん》とした。少年を哀れに思った。木下は山小屋にひとりでいる時、孤独を感じることがあった。特に誰もこない冬などは、物音ひとつせず、まるで独房にいるようだった。しかし、目の前の少年はそれ以上に孤独なのだと思った。

木下は少年の肩に手を置いて、いった。

「わかった。夏休みだし、しばらくここにいればいい。ただし、お母さんは心配しているだろうから連絡はさせてもらうよ」

木下はメモと鉛筆を出した。しかし、少年は首を振った。

「心配はしていないと思います。お母さんは男の人のところに行って、ほとんど家には帰ってこないんです。だから電話をしても出ないと思います。ぼくのことはもうどうでもいいようなんです」

「そんな親がいるわけないだろうが。しかし、何てこった。そんなことが世の中にあっていいのかよ……。わかった、君の気がすむまでいればいいや」、そういうしかなかった。

その日から少年は率先して薪を割ったり、風呂の掃除をしたりした。木下がようやく担ぎ上げる木も難なく運んだ。そして、休み時間になると、浩一をまるで弟のようにかわいがった。少年を慕う浩一を見ていると、本当の兄弟のようだった。夜は夜で、木下、浩一、少年の三人で風呂に入った。少年は浩一の体を洗ってやっていた。

こうして一日経ち、二日経った。少年はそれまで以上に働いた。浩一ばかりでなく、ほかのアルバイトともうちとけていた。話し好きの明るい少年だと木下は思った。そうしているうちにまたたくまに十日が経った。しかし、少年は山を下りる気配を見せなかった。木下は、さすがに心配になった。

「一度家に帰って無事の知らせをしてきなさい。そして、よかったら、またここにくればいい、まだ夏休みが残っているのだから」

少年に十日分のアルバイト代と交通費を渡した。少年は、木下からお金を受け取ると、

「また近いうちにきます」と答えた。浩一が泣き出した。少年も泣きそうな表情になった。

木下は泣きじゃくる浩一を抱きながら、少年が見えなくなるまで見送った。少年も何度も振り返っては手を振っていた。

それから数日経っても少年は戻ってこなかった。

（心配したお母さんが少年のことをもう離さなくなったんだろう）

木下はそう思い、そう願った。しかし、十日後のことである。少年は戻ってこなかったが、少年のことで青梅《おうめ》警察の警官が訪ねてきた。

「いったいどうしたというんですか」、木下は警官に訊いた。

「奥多摩周辺の旅館で枕探しがありましてね、犯人はまだ中学三年の少年でした。先日、奥多摩駅にいたところを捕まえました。少年は犯行を自供しましたが、ここ十日ほどどこにいたのかと訊いたところ、こちらにいたというので話を聞きにきたんです」

警官は一枚の写真を見せた。少年に間違いなかった。

「何かの間違いでしょう」

木下は頭が真っ白になった。

「あの子がそんなことをするわけがない」

「しかし、奥多摩周辺の旅館四軒で被害がありましたが、犯人と少年が一致しているんです。お宅ではこの十日間になくなったものはありませんか？　少年にしては大金を持っていましたが、こちらで盗まれたものでは？」

木下は「いいえ、何も」と首を振った。実際、何も変わったことはなかった。少年が持っていたお金は木下が渡したアルバイト代だった。

「おかしいな、その子がくると必ず金目のものがなくなっているんだがな、本当ですか？」

木下はむっとした。

「仕事とはいえ、人を疑うのもほどほどにしたらどうですか。あの子はとても素直でいい子でしたよ。うちではよく働いていたし、息子を弟のようにかわいがっていました。そんな子が枕探しをするなんて、そんなばかな……」

警官は木下の怒気に圧倒され、たじろいだが、手帳を見て、質問を続けた。

「オカリナをこちらに置いてきたといっていましたが、ありますか」

「オカリナ、ああ、楽器のことね。それがどうかしたんですか」

「ええ、オカリナも盗品リストにあり、その行方を追っているんです」

「オカリナも盗まれたものなんですか？　それこそ何かの間違いでは？」

「いや、ある人から盗難届けが出ています」

「オカリナはお父さんが外国から送ってきてくれたといい、自分の楽器のように吹いていましたよ。盗んだものとはとても思えないです」

「詳しいことはわかりませんが、ある旅館で盗まれた品のひとつに挙げられています。あれば証拠品として押収したいのですが」

木下はため息をついた。実をいうと、少年が去ったあと、浩一がさわっているうちに手を滑らせ、岩の上に落として割ってしまったのである。木下は破片を集めて捨ててしまっていた。木下は、捨てた場所を警官に案内した。

「壊れていても証拠品だから持っていきますよ」、警官が破片をひとつずつ拾い、袋に入れた。

「被害届を出した人にこのオカリナの破片を見せて、本当に盗まれたものかどうか確認しなければなりません。それが本当に盗まれたということになれば、余罪としてさらに罪が重くなり、少年院にいる時間が長くなるでしょうね」

「これはあの子のもので、盗んだものとは思えないんだ。何かの間違いだと思うんだがな。絶対に」、木下は繰り返した。

少年が照れながらもオカリナを吹いていた様子が甦ってきた。持ち方から吹き方まで、本当に自分に馴染《なじ》んだもののようだった。

「少年のオカリナがほしくて、誰かが盗まれたといったとしか思えないんだがな」

「それはわかりません。これから署に戻って調べてみます」

そういうと、警官は山小屋をあとにした。


それからしばらくして、警官から少年のその後のことを聞いた。少年は窃盗の罪で少年院に入ることになった。少年が四軒の旅館で枕探しをしたのは事実だった。家出をしたあとに金に困った上での犯行だった。しかし、三条の湯では何も盗らなかった。

「どうして盗らなかった、そんなに何日もいて」と警官が訊くと、「みんなが優しくしてくれるところで泥棒なんかできるわけがないし、働かせてくれたのでお金も必要なかった」と答えたという。それればかりでなく、「世話になった三条の湯のおじさんやおばさん、浩一君には、ぼくが旅館で盗みを働いたことは話さないでください」と泣いて警官に頼んだそうだ。

木下はその話を聞いて胸が熱くなった。

「オカリナはどうなったんですか？　あの子のものだったでしょ？」

「それが未だにわからないんです。盗まれたという人がなぜか姿をくらませたり、あれは本人のオカリナだけれど、旅費ほしさに売ったものの急に惜しくなって盗み出したとか、いろいろ話が出て真相が摑みきれていません」

あれから四十年もの月日が流れている。木下は時として少年のことを思い出す。今頃、元気でいれば、五十五歳前後である。木下の脳裡には、孫がいて、浩一をかわいがったように風呂に入れたりしている様子が浮かんでくる。少年院に入っても、もともと明るい子だったので、すぐに更正して社会に復帰したに違いない。たった十日間の付き合いだったが、少年が見せた笑顔は、明るい家庭としか結びつかないのである。

そして、今となっては真相は誰にもわからなくなってしまったオカリナだが、少年の吹き方、持ち方を思い出すだけで、木下は今でも少年のものだと思っている。

第48話　山中の車

奥秩父・金峰山小屋主人　吉木綾子（談）

奥秩父の金峰山に登るために廻目平《まわりめだいら》までタクシーで行き、そこから林道を歩いた。しばらく行くと本格的な山道になり、沢をひとつふたつ越えた。沢の流れる爽快な音がいい。もはやここでは車の騒音は聞こえないし、排気ガスにむせなくてすむ。やはり山は心地よい。

やがて、金峰山登山口と書かれた場所に着く。別名、二俣《ふたまた》というところである。

「さあ、登るぞ」と思って、周囲を見回した。すると、そこにあったのは、何と原形をとどめていない小屋と乗用車だった。

小屋はきっと売店か何かで、経営者が放棄したのでつぶれてしまったのだろう。それは容易に想像できる。しかし、乗用車がそこにあるのがどうしても理解できない。

だいたいにして、ここまで歩いてきたのは本格的な登山道で、乗用車はどう転んでも走れない。四輪駆動車でも沢などの段差を乗り越えるのはとうてい無理だろう。

では、どうしてここに車があるのか。中古車の処分に困った業者がヘリコプターにでも乗せて空から捨てたのだろうか。しかし、そんなことをしたらかえって金がかかる。業者が損をすることをあえてするとは考えられない。まさにミステリーである。

金峰山小屋の吉木綾子に訊いてみた。

「多くの人に、どうしてあんなところに車があるのかとよく訊かれます。不思議ですよね。それで一度調べたことがあるんですが、そうしたら……」

話は、二十年以上も前にさかのぼる。九月のある日、初代山小屋の小屋番である、綾子の父親の林袈裟夫は、山小屋で使う食材をジープに乗せて林道を奥へ奥へと入ってきた。その後ろを常連の女性が、乗用車に食材を乗せてついてきた。そして、登山口、二俣に駐めた。

もはや種明かしになってしまうが、当時は登山口まで乗用車が通れる道がついていたのである。よく見ると、ところどころに石積みが残り、かつて林道が通っていたことがわかる。しかし、大部分は土砂に埋まってしまい、道があったとは、たいがいは気づかない。

その夜、台風が通過した。風速三十メートルという暴風雨だった。金峰山小屋は揺れて、今にも吹き飛ばされそうになった。ほかの山でも山津波が起きたり、樹木がなぎ倒されたりして、未だにその被害の跡が残っているといわれるほどだ。

翌日、山小屋から下りてきて驚いた。何と、登山口の先から向こうの林道が崩壊していたのである。林袈裟夫はじめ関係者は呆然と立ちつくした。どうしたらいいか。二台とも担いで下ろすと誰かがいったが、それは無理というものだった。幸いにジープは分解することが可能だった。みんなでジープを分解し、林道が使える場所まで運び、再び組み立てて使えるようにした。

しかし、乗用車はジープと違い、分解できなかった。思いのほか頑丈に作られていた。結

金峰山の登山口、二俣にある乗用車の残骸。周辺に道路はなく、登山道と沢ばかりだ。
いったい誰がどのようにしてこの車を運んだのか。多くの登山者が不思議に思っていた

局は諦めて放置せざるをえなかった。林道もその後、再び工事されることもなく、放置され、荒れるがままになった。自然は次の瞬間、何が起きるかわからないという、ひとつの例といえよう。

この話には後日談がある。車を放置した女性は山小屋の常連だったが、結婚したあとは、育児に追われ、山とは疎遠になり、そのうち山には行かなくなった。しかし、その女性の子供は、成長すると、なぜか山が好きになり、いろいろな山に行くようになった。そして、ある日、金峰山小屋にやってきた。

当然、登山口にある車を見て、みんながそう思うように、不思議に思った。山小屋で綾子に車が放置されている理由を聞いて納得したが、（ドジな人もいるものだ）というのが正直な感想だった。

自宅に帰って、登山口に車があったことを話題にし、綾子から聞いたことを母親に語った。そして、「まったくドジな人がいるもんだね」と笑った。

それを聞いて、母親がいった。

「そのドジな人は私です」

第49話　山上のストリーキング

とある山小屋主人（談）

もう十年以上も前の秋である。とある山小屋の主人が玄関先を掃除していると、登山者が下りてきて、こういった。

「峠を越えてきたら、目の前を素っ裸の男の人が歩いていたのでびっくりしましたよ。ふざけてやっているのかと思ったら、奇声を上げたりして、異様で、怖くなって追い越してきました」

「そんなばかなことがあるか。こんな寒い時に裸だなんて、風邪ひいちゃうよ」、にわかには信じられなかった。

「でも、本当だからしょうがない。そのうちここを通ると思いますよ」

しかたなく、主人は、様子を見に山を登っていった。ほどなく、奇声を上げながら下りてくる男と出くわした。登山者がいったように、男は登山靴以外は何も身につけていなかった。見事に素っ裸で、下半身をあられもなく露出していた。ザックも背負っていなかった。
二十四、五歳の若い男だった。
「なにやってんだ、お前は。素っ裸になって……」

「気圧が低くなると、体が熱くなり、服を脱ぎたくなるんです。これでちょうどいい」

男はそういうようなことを早口でしゃべった。

「ちょうどいいったって、ほかの人が困るだろう、そんな格好じゃ」

主人は、着ていたセーターを脱いで男の腰に巻きつけた。

「ちくちくしていやだな」

「黙って巻いてろ」

怖い表情をして怒鳴ると、おとなしくなった。こうしてどうにか下半身の露出だけは防げた。

「とにかくうちの小屋にこい。服を着せるから」

男は時々奇声を上げながらもおとなしくついてきた。山小屋に着くと、主人は男に服を着せた。シャツ、パンツ、ズボン、上着、全部主人のものだった。服を着ると、ごく普通の青年で、山の上でストリーキングをするような男には少しも見えない。

「着ていた服はどうしたんだ」

「歩いていると熱くなるので、一枚一枚途中で干してきた」

「どうしようもないやつだな。それは捨てたというんだよ」

ふと、その時主人は、山で遭難した人はよく裸で発見されると、以前聞いたことを思い出した。遭難現場に行くと、遭難者のほとんどが上半身裸あるいは全裸で倒れているというのである。理由は、遭難してパニック状態に陥ると、体温が急上昇して服を脱ぎ始めるからだという。もはやそうなると、恐怖で発狂しているともいわれている。主人は男を見ながら、遭難寸前だったのではないかと疑った。危ないところだったと思い、ほっと胸を撫で下ろした。

「よかったな、助かって」

「ええ」

男は知ってか知らでか、頭をかきながら頷いた。

そこまではよかった。しかし、夜になると、男は次第に奇声を発するようになった。それもだんだんと大きな声になった。

「気圧が変わってきた。苦しくなってきた」

そういいながら、奇声を発するのである。

周りにいた宿泊客の誰もが気味悪そうにして遠巻きにして見ていた。なかには、「こいつを外に出せ、出さないと俺が出してやる」と怒る宿泊客もいた。主人はしかたなく、無線で地元の警察に連絡をした。夜中の十二時頃に警官がふたりで迎えにきた。そして、男を間にはさむようにして、山道を下りていった。下に着くのは、夜中の三時頃になるのではないだろうか。主人は警官を気の毒に思ったが、そのお蔭で山小屋に再び平静な時間が戻ってきたのである。

翌日、主人が警察に連絡をすると、担当した警官が出てきて、青年は地元の者だったと教えてくれた。

「下に下りても奇声を発していましたか」

「それが下界に近づくにつれ、正気に戻り、警察に着いた時は、なんで私はここにいるのでしょうかと、逆に真面目な顔をして訊かれたものです。勤め先も普通の会社だし、迎えにきた両親もどうしたのかと不審がっていました」

「気圧が変わるとヘンになるといっていましたが、そんなことがあるんですかね」

主人が訊くと、警官は「さあ、そんなの初めて聞きましたよ」と怪訝《けげん》そうな声で答えた。

何とも奇妙な事件だった。

「気圧の変化でいちいちヘンになるなら、山小屋にいる俺たちはみんなヘンになっていなきゃならないじゃないか。ま、俺をはじめ山小屋をやるやつなんてヘンなやつが多いけどな」

そういうと、主人は大きな声で笑った。

第50話　中高年登山ブームのかげで

とある山小屋元小屋番（談）

「つい先日あった話で、不思議でならないんだが……」

そういって、今は引退してしまったが、とある山小屋の小屋番が話し始めた。

「いつも何人か仲間を連れてくる中年の男だったので、顔をおぼえていたんだ。その人がある日、女性とふたりだけでやってきた。一目見て、その女性が奥さんではないのがわかった。夫婦独特のにおいが感じられなかった。女性は何か怒っているようだった。いったいどうしたのだろうと、俺はそれが気になってしかたなかった。しかし、理由はすぐにわかった」

ストーブにあたって休んでいると、女性がトイレに立った。主人は男に、「いつもはみんなときているのに今回はどうしたの」と訊いた。男はにやりと笑った。

「人妻だけど、あの人といつかふたりだけで山にきたかったんだ。それで、みんなと行くと嘘をついて、きませんかと誘った」

「待ち合わせ場所にひとりしかこないというわけか」

「そう、そのとおり。彼女、びっくりして、ふたりだけだと誤解されていやだから帰る、といって最初しぶったんだ。けれど、そのうち、せっかく準備したから行くって、結局ついてきた」

そんな話をしていると、女性がトイレから戻ってきた。そして男の隣に座ったが、少し距離をおいた。

「本当はみんなでくる予定だったのに、みんなが急にこられなくなって、私だけになっちゃいました、ひどいですよね。誤解されたら困るわ」

女性は言い訳し、男性に騙されたことにはまだ気がついていないようだった。

夕食になり、ビールが入ると、女性も緊張感がほぐれたのか、男に注いだり注がれたりして、時々笑い声も聞こえた。夕食が終わると、星空を見ようと男が誘った。

「酔い覚ましにいいわね」、女性も一緒に外へ出た。

「すごい星、夜空がきれい」という声が聞こえる。男が星の説明をしているようだ。

「いろんな星を知っているのね、感心したわ。最初はどうなるかと思ったけれど、きてよかったわ」

それからしばらく声がしなくなった。

やがて、男が寒いといいながら、女性の肩を抱くようにして山小屋に入ってきた。女性はうっとりしたような顔をしていた。九時を過ぎていた。男は「もう寝ます」と隣の部屋の戸を開けた。

「どこでも勝手に寝てください。今日はほかに客はいませんから」、主人がそういうと、ふたりは戸を閉めた。

翌朝、用意していた朝食の前にふたりが座った。女性は男のために箸をとってやったり、醤油をかけてやったり、甲斐甲斐しくしていた。昨日、きたばかりの時の何かしら怒ったような表情はなく、まるで奥さんのようだった。逆に男は箸を受け取ると、「ありがとう」とはいうものの、昨日のようにどこか女性に媚びる態度はなくなっていた。食後のコーヒーも、女性が男に砂糖を入れてかき混ぜて出してやっていた。

「それからふたりは、山小屋をあとにしたけれど、恋人のように笑いながら歩いていったよ。たった一晩で女性の態度ががらりと変わるというのが不思議でならないんだ。きっと家では旦那に優しい言葉をかけてもらっていないんだろうな。だから、星がきれいだとかいわれて、ロマンチックな気分になると、ころっと騙される。そんなことも知らずに、旦那は奥さんを健康的な山に送り出したと安心しているんだろうな。いったい誰が悪いのやら……」

主人は首を傾げながら、「幽霊より何より、男と女のことがいちばんミステリアスだよ」とため息混じりに呟いた。

第51話　死相

とある山小屋小屋番（談）

これは北八ヶ岳のとある山小屋の小屋番から聞いた話である。

ある日、ひとりの登山者が夕方近くに泊めてほしいとやってきた。顔を見ると、ぞっとした。顔色が異常に蒼白い。相当疲れているようだ。思わず「具合でも悪いのですか」と聞いた。すると、「いや、そうでもないですよ」と普通に答えた。疲れている人は息も絶えだえにいうのだが、その人はそうでもないようだ。おかしい。何か内臓疾患でも持っているのだろうか。

小屋番は、その登山者が気になり、夕食の時に食事をとれるのだろうかと様子を伺った。すると、普通に食べていた。ご飯をお代わりもした。ビールも飲んでいた。安心した。他の登山者とも普通に話していた。調子が悪そうには見えなかった。しかし、何かおかしい。生気がないといったらよいか。もしかしたら、失恋でもして、山で自殺でもしようと考えているのではないか。そのために生気のない表情になっているのではないだろうか。だが、そんな人がご飯をお代わりしたり、ビールを飲んだりするか？　ますます疑問を感じた。

翌日は天気が悪かった。雷雨注意報が出ていた。登山者たちは朝食をとると、それぞれ雨具を着込んだ。小屋番は登山者に「気をつけてください。雷雨がありそうですから」と声をかけた。登山者たちは「気をつけます」「注意します」などといって出発した。その登山者も雨具を着込んで出発した。みなと同じだった。小屋番は何も起こらなければいいがと思いながら、見送ったあと、掃除を始めた。

やがて、雷が鳴った。近くに落ちたようだ。登山者は大丈夫か。無事に行けますようにと祈る気持ちだ。すると、ひとりの登山者があわてて小屋にやって来て、「たった今、この小屋に泊まっていた登山者の方がひとり雷に打たれて倒れています。助けてやってください」と叫んだ。

小屋番は、嫌な予感を覚えながら、急いで現場に行った。すると、ひとりの登山者が倒れていた。顔が少し焦げて茶色に変色していたが、あの登山者だった。すでにことされていた。

「あの時、顔色が悪いと思ったのは、病気ではなく、死相が出ていたんですね。長い間小屋番をやってきましたが、初めて見ました。それ以来、もし、顔色が蒼白く、生気のない人が来たら、山を下りたほうがいいよといおうと思っていますが、幸いにもまだ現れていません」

第52話　赤い帽子

とある山小屋主人（談）

ある山小屋の主人から聞いた話である。

山小屋に泊まっていた登山者が遭難したという連絡が入り、捜索に出かけた。捜したが、なかなか見つからなかった。小屋番はその登山者のことを覚えていた。山小屋にきた時に真っ赤な新品の帽子を被っていたので、珍しいなと思った。「目立っていいですね」というと、その人は「息子が初任給が入ったので買ってくれたんですよ。少し派手で恥ずかしかったのですが、下界と違い山でならいいかと思って被っているんです」と照れ臭そうにいった。いい親子関係の人なんだな、と思った。

実際、後日、息子さんが父親を捜しに来た時は、かわいそうなくらい、意気消沈していた。小屋番はそれを見て、早く見つけて息子さん、そして、家族の元に戻してあげたいと思った。そのため、捜索が打ち切られても時間がある時は、その日、向かうといっていたコースを何度も歩き、捜したものである。

すると、遭難から一か月ほどしたある日、谷に転落しているその人を見つけた。小屋番は赤い帽子を探した。しかし、どこにもなかった。滑落した時にどこかに飛んで行ってしまったのだろう。残念ながら、息子さんには渡すことができなかった。

それからしばらくして、息子さんが父を発見した場所に案内してほしいといってきた。連れて行った。すると、登山道を外れて、下っていく途中に赤い帽子が落ちているのを発見した。息子さんが「あっ、私が父にあげた帽子だ」といった。帽子は、どこからか飛んできたようにひっくり返っているのではなく、誰かがそこに置いたというようにきちんと置かれていた。しかも不思議なことにほとんど汚れていず、きれいだった。

誰が置いたのか？　ここは登山道ではない。人は通らないところである。息子さんは、帽子を胸元に抱き、「お父さん」と呟きながら嗚咽した。

小屋番は、きっと故人が息子に「よく来てくれた、今までありがとう」という感謝の念を伝えたくて、帽子を置いたのではないかと思った。

第53話　ツチノコより不思議な男

突然、その電話はかかってきた。男は「以前、ツチノコの件で取材を受けた者です」といった。一、二年前のことだったが、確かにツチノコのことで取材したことがあった。今頃どうしたのだろうと思う一方、私は、突然の電話に期待を寄せた。

「まさか、見つかったというわけじゃないでしょうね」

「いや、それが、見つけました、とうとう。以前、一緒に行ったことのある筑波山で」

男は力強くいった。

「ほ、本当ですか？」

「ええ、本当です。ビデオにおさめています。見てくれませんか」

「やりましたね。見せてください。さっそく、これから出かけていきますから。場所はどこがいいですか」

私は、男から待ち合わせの場所と時間を聞いた。場所と時間を確認し直したのはもちろんのことである。

「ところで、これはほかのマスコミにはまだ知られていませんね？」

「ええ、あなたが最初です。あなたの記事から始まったのですから、恩返しのつもりです」

「ぜひ、そうしてください」

私は少なからず興奮していた。久々のスクープだと思った。雑誌の編集部に連絡しなければならない。もともとその男と知り合ったのは、ある編集部からの依頼だったからだ。出がけに私はその編集部に電話をした。たまたま顔見知りの女性編集部員が電話に出た。

「ツチノコが見つかったらしい。これから取材に行くから何ページかもらえるかな」

そういうと、女性編集部員はふたつ返事で、「すごいじゃない、大至急取材してください。写真も撮ってきて」と大きな声でいった。

「まかせといて」、私はカメラを片手に待ち合わせの場所に急いだ。


その男と初めて会った時のことはよくおぼえている。編集部から、ツチノコで売り込みにきた人がいるから取材してくれ、もしいんちき臭かったら適当にあしらってくれればいい、という話だった。高速道路のサービスエリアで会ったが、五十をとうに過ぎた中年の男だった。名刺にツチノコの絵まで刷るという念の入れようだった。それから車二台で筑波山の麓まで行った。

男に案内されるまま、筑波山の五合目より下の森に入った。

「以前、ここで見たんですよ。その時はカメラなんかなくて残念でね。それ以来こうしてビデオを持ち歩いているんですよ」

男は担いできた小型ビデオカメラを三台、三脚に載せて固定した。

「ここにこうしておけば、明日には、ツチノコが映っているはずです。必ず姿を見せてくれると思います」

それから私とその男は、筑波山の麓にあるレストランで食事をしながらいろいろな話をした。男は長年大手新聞社の記者をしていたが、ツチノコに魅せられ、会社をやめて各地を調べ歩いているといった。

「それで食えるんですか?」

「ええ、退職金で何とか生活していますし、これからツチノコの本を書けば絶対売れると思うし、とにかくやるしかない」

眉唾ものだなと思った。

「何のために?」

私は少々意地悪な質問をした。男はいいよどむに違いないと思った。ところが、すらすらと答えた。

「子供たちに自然に興味を持ってもらうには、ツチノコがいちばん入りやすいと思うんです。自然と遊んでいるうちによりよい自然とは何かと考える。そして、将来、自然を大切にする大人になる。それが狙いです」

私は、男は男なりのビジョンを持っているのだと思った。単にツチノコをネタに金稼ぎをしているのではないと信じたかった。

ビデオの結果は、翌日、電話で教えてもらうことになり、一時間後、私は男と別れた。

そして、翌日。

「残念ながら、ビデオには何も映っていませんでした。人間のにおいに警戒したのかもしれませんね。ツチノコっていうのは、見た目より敏感ですからね」

予想していたものの、少しがっかりした。だが、私は、その男のことを写真と文章で記事にした。ツチノコの存在はともかく、ツチノコをとおして子供たちの目を自然に向けさせたいと活動している姿勢が記事を書かせる原動力になった。

しかし、それきりだった。その後、ツチノコを発見したという話も聞かず、ほとんど忘れていた。たまたま四国のほうでツチノコが発見されたというニュースがあり、もしかしてあの男が出ているのかと思ったが、別人だった。男は必ずしもツチノコの世界では知られた人ではなかったようだ。

そんなある日、冒頭に記したように「見つけました……ビデオにおさめています」という電話がきたのである。今度こそ本当だと思った。

私は待ち合わせ場所に十分も前から立っていた。しかし、男は現れなかった。場所が間違っているのかと思ったが、そんなことはなかった。二時間待った。結局こなかった。やはり、騙されたか、と思った。そんな簡単にツチノコなんて見つかるはずないものな。私はため息をついた。

もしかして、電話がかかってきた時、即座に金の話をすればよかったのかもしれない、と思った。そうすれば、すっぽかされずにすんだかもしれない。金を払ってビデオを受け取る。映っていなくても別に構わない。最悪それだけのことでしかないのである。授業料だと思えばいい。

その一方で、男は違う雑誌や新聞に売り込んで、そのまま缶詰になって取材を受けているのではないかと疑った。抜かれてしまうと思った。金の話をしなかったことをよけいに後悔した。私はあれこれ思い悩んだ。

結局、私は手ぶらで編集部へ行くしかなかった。女性編集部員から「何やってんのよ。二ページ空けたのにどうしてくれんのよ、嘘つき！」とヒステリックにいわれ、粉砕された。私は謝るしかなかった。そして、翌日の新聞にスクープされていることを怖れた。スポーツ新聞に「ツチノコ発見」という巨大な活字が踊っているところを想像した。

翌日、恐る恐る開いた新聞には、ツチノコのツの字も出ていなかった。翌々日の新聞にも出ていなかった。そして、結局は、どの雑誌にも新聞にも、ましてテレビにも出ていなかった。男は、私に「ツチノコ発見」の朗報を残して行方をくらましたのである。

その時から何年も経っている。今となってはツチノコすらあまり話題にならなくなっている。あの男は何だったのだろう。ツチノコをとおして子供に自然の大切さを教えたいといっていたが、あれはすべて嘘だったのだろうか。目的は何だったのだろう。元大手新聞の記者だったというのも嘘なのだろうか。調べればすぐにわかることだが、調べてもどうにもなるものでもないだろう。

男は今でも私のなかでは、ツチノコより不思議な存在になっている。

第54話　それでも医者か

丹沢・鍋割山荘小屋番　草野延孝（談）

「小丸《こまる》の近くで男の人が倒れて苦しそうにしています。助けてあげてください」

こういって通りすがりの登山者が草野に声をかけたのは、ある年の五月三日、ゴールデンウィークの真っ最中だった。草野は手伝いの吉永（仮名）とふたり、携帯電話を持って現場に急行した。果たして男がひとり苦しそうにブナの幹に寄りかかっていた。

「大丈夫ですか？」、草野は声をかけた。

男は呼吸を荒くしながらも、「少し休むと楽になると思います」と答えた。

男は野田（仮名）といい、六十六歳だった。でっぷりと太っていた。ひとりできたのかと訊いた。

「仲間ときました。具合が悪くなったので少し休んだあとでひとりで帰る、そういったらみんな山へ行ってしまったんです」

「なんというグループだ、病人を置いて山へ行ってしまうなんて。最低でも誰かがついて下りるのが常識じゃないのか」

草野は腹を立てた。だが、今は腹を立てるより救助するほうが先決だ。草野は携帯電話で消防署の救急隊に連絡した。救急隊員が電話口に出た。

「もし近くに温かく休めるところがあったらそこまで連れていき、安静にして様子を見てあげてください。容体が変わるようでしたら、また連絡をください」

草野は野田を背負い山小屋に運んだ。そして、救急隊員にいわれたとおり、布団に寝かし、水を飲ませたりした。しかし、野田の顔から苦痛の表情は取れなかった。草野は野田に主治医がいたら教えてほしいというと、診察券のありかを教えた。草野はすぐに連絡を取った。

「体温、血圧はどうですか、糖尿病なので糖分を補給してやってください」

主治医の指示に従い、草野は、飴を野田の口に入れ、体温や脈拍を測った。そして、改めて主治医に連絡すると、「安静にし様子を見て、容体が変わったらまた連絡してください」といわれただけだった。

その日の宿泊者は十五人ほどで、全員が野田の病状を気にし、背中をさすったり、寝返りを打つのを手伝ったりしていた。その時ほど草野は、自分が医者だったらどれほどよかっただろうと思ったことはない。野田の容体が気になりながらも、草野は厨房に入り、食事の準備をしなければならなかった。

夕食の時間になり、食事を並べた。そのそばで相変わらず野田は苦しそうにし、宿泊者は懸命に背中をさすっていた。ふと見ると、山小屋の隅にひとりで座っている男がいた。草野はその時、心底、助かったと思った。男は須田（仮名）といい、三十歳と若いが、現役の医者だったからだ。以前から何度か山小屋にきていて知っていた。

「何だ、須田さん、きていたんだ。よかった。見てのとおり、登山者が倒れて大変なんだ。診てやってくれないか」

須田にお願いすると、みんなに聞こえるように、「偶然、お医者さんがいらっしゃいました。これで助かりました」と報告した。みんなは「よかったぁ」と顔を輝かせた。今までの不安が払拭された。しかし、それはつかのまだった。その空気を破るように須田はいい放った。

「俺、今日は遊びで山にきているんだ。だから関係ない。それに道具もないので何もできない」

一瞬耳を疑った。

「関係ないってどういうこと？」

「どういうことって、だから俺は今日はただの登山者、医者じゃないっていうことだよ」

沈黙が訪れた。草野は腹が立った。しかし、気持ちを静めながら、須田に診てくれるように再度お願いし、登山者も、須田が野田のそばに行きやすいように通り道を空けた。しかし須田は、動こうともせず、本を読み続けているのだった。

「なんだ、こいつは」「それでもお前、医者か」という言葉が飛びかった。

須田は聞こえぬふりをしていた。

草野はそんな言葉を制するように、「だったら、どんな様子なのかだけでも教えてくれませんか」と冷静を装っていうと、須田はしぶしぶそばにきて脈をとった。しかし、それだけだった。何もいわず首を傾げただけで山小屋の隅に戻り、再び本を読むのだった。

「あいつは本当の医者なのか。ニセ医者でばれるのが怖いんじゃないのか」

誰かが草野にいった。しかし、正真正銘の医者だった。草野の知り合いのひとりに前田（仮名）という山好きの医者がいた。都内にある医学専門の国立大学の出身で、何度も山小屋にきていた。その前田が、大学の後輩だと数年前に連れてきたのが須田だった。須田はその後、山小屋を気に入ってくれたのか、時々ひとりでくるようになっていた。おとなしくて、山小屋にきていても登山者のなかでは目立たない男だった。

いつもは賑わう夕食時も、この日ばかりは重苦しい空気が流れた。登山者が交代で野田の様子を見ながら食事をしているのに、須田は左手に本を持ちながら黙々と食べていた。そして、食事を終えると、野田のそばに行くどころか、誰にも目もくれず、中二階に上がっていった。そして布団を敷いて横になるのだった。

「なんてやつだ」「ぶん殴ってやろうか」、そういって中二階に上がっていこうと階段に足をかけた登山者もいたが、「ああいう保身しか考えていないやつには何をいってもだめだ」「面倒なことに巻き込まれたくないんだろ、きっと」とほかの登山者に取り押さえられる場面もあった。

夜が更けた。野田は衰弱しながらも、「小便がしたい……」と呟いた。

吉永ら三人が抱えて便所に連れていった。戻っても相変わらず息苦しそうにしていた。草野は小型の酸素ボンベがあるのを思い出し、棚から出すと、口に当てて吸わせた。少しは楽になったようだ。

まんじりともしないで明け方を迎えた。雨が降っていた。野田は眠ったままだった。安心し、食事の準備を始めた。そして六時半、みんなが食事をしていた時のことだ。野田の容体が急変した。苦しそうな呼吸になった。草野はもちろん登山者は野田のそばに寄り、交代で「大丈夫か」と声をかけたり、人工呼吸をしたりした。なかには、ハンカチ一枚隔てて口から口へ息を送ってやる者もいた。そのうち咽喉《のど》が笛のなるような音を立てると、野田は静かになった。首ががくりと落ち、呼吸音もしなくなった。

「まさか死んじまったんじゃないだろうな」

誰かがいった。みんなの視線が須田に向いた。須田はそんな騒ぎのなかでも、黙々と食事をしていた。

「こんな時にお前よく飯が食えるな。それでも医者、いや、人間か」

そういって誰かが殴りかかろうとした。しかし、「お前みたいなやつに何をいってもむだだな。俺の手が穢《けが》れるだけだ」と手を下ろした。

「須田さん、今、野田さんがどうなっているか、せめてそれだけでも診てもらえませんか。お願いします」

草野がそういうと、須田は面倒くさそうに立ち上がり、ちらりと野田を見た。

「もう、死んでいるよ、死斑が出ているじゃないか。もう終わりだよ」

無表情にそういった。

皆が急に黙り込んだ。長い沈黙が流れた。

「あんた、医者どころか、人間の資格もないよ」

誰かがなじった。

「そうだ」「そうだ」

草野も憤懣《ふんまん》をぶつけたかったが、そんな場合ではなかった。警察に登山者が死亡した連絡と、遺体を下ろすためのヘリコプターの要請をしなければならなかった。

携帯で連絡を取った。しばらくして警察から返事があった。

「雨のためヘリコプターを飛ばすことはできない。遺体を下ろすにも急な話で人が集まらない。山小屋の関係者で下ろすように」

「えっ、本当ですか？」

草野は思わずそう叫ばずにはいられなかった。人を背負って下ろしたことは何度もあるので、遺体を下ろすのもそれほど難しいことではないだろう。問題は、小屋を留守にすることだった。次の瞬間に何が起きるかわからないのが山だ。小屋番は山小屋にいなければならないのだ。しかし、遺体は何としてでも下ろす以外にない。結局、草野が背負って下ろすしかないが、ゴールデンウィークの最中である。山道ですれ違う登山者には見せられない。背負った上に毛布をかぶせて見えないようにし、何か荷物でも運んでいるようなふりをしなければならない。かといって乱暴には扱えない。遺体を傷つけないように、誰かが先導して枝を持ち上げたり、払ったりしなければならない。五人ほどで下りることになった。先導するのは吉永だったが、ほかの人は、昨日初めて山小屋に泊まった見ず知らずの若い登山者たちだった。草野は頭が下がる思いだった。

「すまない」

「困った時はお互いさまです」

頭が下がるといえば、ひとりの女性登山者が、野田を下ろすことになった時、遺体の処置を申し出てくれたことだ。

「遺体になると、体内の汚物が出てくるので処置をしないといけません、脱脂綿か何かありますか」

女性は肛門に脱脂綿を詰めた。三か月ほど前に肉親を失い、葬儀の関係者から処置の仕方を聞いて知っていたという。

「ありがとうございます」、草野は深々と頭を下げた。

処置が終わると、草野は遺体を背負った。もともと太って七十キロ近い体重が、遺体になったことで百キロもあるように思われた。しかし、何としてでも下ろして遺族に返さなければならない。小雨の降るなか、草野は歯を食いしばりながら、滑らないように一歩ずつ慎重に下りていった。先行する吉永が枝を払う。足場の悪い箇所は若者たちが誘導してくれる。遺体を背負ったまま倒れたら目も当てられない。

「いったいどうしたのだろう」

登山者が奇異な視線を向けるのがわかった。いたたまれない時間が流れた。やがて、草野の車の置いてあるミズヒの沢まで下りることができた。そこには警官が十五人ほどもいた。なかには担架を持っている警官もいた。草野はこれで大役が終わったと思った。「丹沢の強力」といわれる草野は、荷物を担ぐことでは、誰にも負けない自信があったが、遺体を背負った緊張感からか、疲労で眩暈がしそうだった。草野が遺体を下ろそうとしたその時、警官のひとりがこういった。

「ついでだから、パトカーの置いてある二俣まで運んでくれ」

担架があるのになぜだ。草野は力が抜け、思わず転びそうになった。咄嗟に後ろから若者たちに支えられた。

草野はそれから自分の車に遺体を乗せて、パトカーがずらりと並ぶ二俣まで運んだ。十五人もの警官は後ろからぞろぞろついてくるだけだった。二俣に着き、ようやく遺体を警察に渡すことができた。しかし、「ご苦労さん」でもなければ「お疲れさん」でもなく、返ってきたのは「どうしてもっと早く、仏さんの容体が悪くなった時点で連絡を寄こさなかったんだ」という叱責の言葉だった。

「よもや死ぬとは予想もつかなかったものですから」

そういうのが草野には精一杯だった。

「まったくどうしようもないな。あとで事情聴取するから署までくるように。いいな」

草野は言葉を失うと同時に、それまで抱いていた警察に対する信頼感が掌《てのひら》からこぼれ落ちるのを感じた。だが、その時の草野には、誰もいない山小屋に戻って仕事をするほうが先決だった。次から次へと訪れる登山者のなかに、再び野田のように助けを求める人が出ないとも限らない。草野は手伝いの吉永に事情聴取に行ってもらうことにし、山小屋に戻っていった。あとで吉永に訊くと、事情聴取は延々と半日も続いたという。しかし、今回の件で警察が山小屋に上がってくることは一度もなかった。

毎年ゴールデンウィークになると、この事件のことを草野は思い出す。

一度、野田の山の仲間がその年か翌年かに、ひとりかふたりで山小屋にきたことがある。その時、草野は、どうして一緒に下りなかったのか、誰かついていれば死ぬことはなかったかもしれないのに、と訊いてみた。仲間は、ついていようとしたが、野田が休んで帰るからと付き添いを断ったので、全員で塔ノ岳《とうのだけ》に向かった、と説明した。一応、仲間が野田に声をかけたのはわかったが、野田が断ったからといって全員で山に行ってしまうというのは、明らかに間違いである。そんなグループがいること自体が、草野にとって何より不思議でならない。団体で行動する意味をわかっていないと思わずにはいられない。ちなみに野田は前日に二俣にある登山訓練所に泊まり、夜遅くまで酒を飲んでいた。飲み過ぎに寝不足がたたった。それなのに二俣から小丸への急坂を登り続けたのである。

野田の奥さんが、翌年、命日にあたる五月四日に、家族に連れられ山にやってきた。

「死因は心筋梗塞でした」といってハンカチで目頭を押さえたのを今でもよくおぼえている。それ以来、奥さんは、毎年やってきて草野と話していく。もう七十歳に手が届くのではないだろうか。そんな年になっても慰霊のために山に登ってこなければならないのかと思うと胸が痛む。

もし、あの時、須田が医師として適切な処置をしてくれていたら、野田は死ななくてよかったかもしれない。草野は、一度、須田に「どうして診てやらなかったのか」、その真意を質したいと思っているが、須田はあれ以来一度も山小屋にきていない。

この話はいわゆるミステリーではないかもしれない。しかし、医者ともあろうものが、苦しむ病人を目の前にして、「俺は今日は休暇で遊びにきているから関係ない」といって何もしようとしないことが、私には何としても不思議でならないのである。これはやはりミステリーでなくて何であろう。

第55話　水場のミステリー

　数年前のことである。ある山小屋で水場が涸れたという噂を聞いた。理由はどうやら、その山の下で行なわれているトンネル工事が関係しているのではないかといわれていたが、その真偽のほどはよくわからなかった。詳しいことを知りたくなり、私はその山小屋の主人に電話で取材を申し込み、自宅まで出かけた。そこで聞いた話はこんな内容だった。

　ある日、主人が経営する山小屋の水が忽然と出なくなった。山小屋を始めた祖父の代から数えると、七十年近くもこんこんと水が湧き、流れ続けていたのが、急に止まってしまったのである。いったいなぜか。

「もしかしたら、トンネル工事の影響かもしれない。そう思って、現場を見にいったんだ」

　山の下では巨大なトンネル工事が行なわれていた。水が涸れた頃、まさに山小屋の真下で工事が進められているところだった。

「工事関係者に何か変わったことがなかったかと訊くと、大量の水が流れ込み、トンネルが水浸しで大変だったと答えた。おそらく工事で水脈が破壊され、その結果、うちに水が流れなくなったんじゃないかと考えた」

主人は、馴染みの登山者である大学の工学部教授に、さっそく理由を話し、現場に案内した。

「教授は調べてくれた。すると、思ったとおり、トンネル工事によって水脈が破られ、大量の水がトンネルに流れ出たようだ。その結果、水脈の圧力が下がり、山小屋の水場まで水が届かなくなったと思われる、とのことだった。これで因果関係がわかったので、論文にして学会で発表してほしい、と教授にいったんだ。すると……」

教授は頑《かたく》なに拒絶したという。

「そんな発表をしたら、建設会社から私のところに就職の申し込みがこなくなる。そうなったら、私の教授生命が危うくなるし、学生もかわいそうだ。だから断る」

主人は教授に失望した。ならばマスコミに訴えるしかない。そんな頃、ちょうど私からの電話がかかったというわけである。「よく電話をかけてきてくれた」と感謝されたものである。

私は、主人から話を聞いた翌日、トンネルの工事を統括しているY県の工事事務所を訪れた。応対に現れたのは、副所長だった。私は、山小屋の主人の訴えをそのまま伝えた。そして、詳しいことを教えてほしいと申し出た。

副所長は、工事現場専用のパンフレットを出してきて、「きちんと調査をして、水脈がないことを確認して工事をしている」と明言した。パンフレットには、精密な地図と工事現場の地層などが、カラー印刷で微に入り細を穿つように描かれていた。そこには確かに水脈など描かれていなかった。表紙にはその山の周辺で見られる美しい花も印刷され、「自然を大切にしよう」と書かれていた。

しかし、パンフレットを見ているうちに疑問が生じて、「きちんと調査したということですが、地層の断面図はどうやって調べたのですか」と訊いてみた。副所長はとたんに言葉を失った。やがて返ってきた答えは、「想像で描いた」という、何ともお粗末な言葉だった。たったひとつの質問で工事事務所の嘘が露呈してしまったのである。

私は、かつて取材で知り合ったある大学の教授を頼って、トンネル工事専門の教授に連絡をつけた。その教授から、「丹那《たんな》トンネルの場合のように、それまで水田だったところから水が抜け、その後牧場になった例があるように、トンネル工事によって環境が変わったところはいくらでもある」というコメントをもらった。教授は、そのような環境破壊をなくすためにも大いに書けと励ましてくれた。教授の言葉に力をえて、いかにトンネル工事が環境変化をもたらすかを書いた。このまま環境保全より工事が優先され、水脈破壊が横行したならば、日本の水事情は危機を迎えるに相違ない。国は自らの国土を破壊していることになるのだ。

雑誌ができ、山小屋の主人に送ると、「よく書いてくれた」と喜んでくれ、私も書いた甲斐があったと思った。これで水場のミステリーは記事的には一応解決したのだが、この話には後日談がある。

それから半年ほど経った頃だった。その後、水場はどうなったのだろうと気にかかり、山小屋の主人に電話を入れた。

「工事が終わったら、破壊された岩盤が修復されて水が戻ってきました」という返事を予想していた私に返ってきた答えは、意外な内容だった。

「もう取材しないでくれ。もううちのことはなかったことにしてほしいんだ」

「どうして？」

「どうしてって、あれから工事事務所の人が何人もやってきて、水は遠くからパイプを引いて出るようにしますといって、工事をしてくれたんだ。そしたら水が出るようになった。その時、もう取材には応じないようにといわれたんだ。だから、うちのことはなかったことにしてくれ」

「どうして？」

「そりゃ、男と男の約束があるからだよ」

「男と男の約束って何ですか？」

「あんたには関係ないこった。ほっといてくれや」

そういうと、電話は切れた。

初めに「よく電話をかけてきてくれた。話したいことがあるからきてくれ」といった時とはずいぶん態度が違うものだと思った。

しかし、そんなことより問題は、工事を遂行するために工事事務所にとって都合の悪いことが起きると、後ろから手を回し、「取材を受けるな」などと丸めこんでしまう体質である。

事前の調査や説明も乏しく、疑問や批判を抑え込んで強行される工事が、住民、いや、国民にどんな結果をもたらすことになるのだろうか。これがミステリーでなくて何であろうか。経済性や利便性のみを追求する時代はすでに終わったのだ。

第56話　山の仲間が支える命

福島県吾妻山・吾妻小舎主人　遠藤守雄（談）

（もしかしたら再発か？　まさか、そんなばかな……）

吾妻《あづま》小舎の遠藤守雄が下腹部に違和感を感じたのは、平成十一年の秋だった。若い頃に膀胱がんにかかり手術をしたが、その部分の皮膚が水ぶくれのように盛り上がり、変形してきていた。さわるたびに大きくなっている古傷に、否応のない不安を感じた。がんは五年経つと完治したといわれるが、遠藤ががんになったのは、もう二十八年も前の二十八歳の時だ。人工膀胱になり、歩いている時に転んで、人工膀胱から尿が漏れたりして、人にはいえない苦しみの連続だった。

しかし、妻の雅子をはじめ、山小屋にやってくる登山者や友人らに励まされて、今まで元気に山小屋をやってきた。完治したはずではなかったのか。それが五十歳を過ぎて再びがんかもしれないという不安に見舞われるとは……。

福島県内にある大学病院で診てもらうと、医者は首を傾げて、「よくわからないが、入院して詳しく調べたほうがいい」と勧める。遠藤は、しかたなく冬に入院する覚悟を決めた。だが、山小屋に戻って予約帳をめくると、山スキーを楽しむために、以前から予約している登山者が何人もいることを知った。

「登山者には理由をいって断って入院しろ」「代わりに俺が山小屋に入るから下りろ」などと友人たちにいわれた。なかでも雅子には「この冬は私が山に入る。お願いだから病院へ行って」と懇願された。しかし、雅子はリュウマチの痛みで日常生活にも事欠くというのに、冬の山に入るなどとても無理な話だった。

結局、その冬はがん再発の不安を抱えながら、山スキーの人たちの世話を続けた。古くからの登山者ばかりだった。遠藤の不安がわかるのか、「どうした元気ないぞ」としきりに声をかける。「もしかしたら病気かもしれない」と思わず洩らすと、「一緒に下りよう」「俺が残るからお前は病院へ行け」といってくれた。ありがたかった。遠藤は、そういって心配してくれる人たちだからこそ、かえって山小屋にいて世話をしたいと思うのだった。

登山者の世話を終えて、戸締まりをし、ひとり山スキーで小屋をあとにしたのは、平成十三年の二月二十日だった。自宅にスキーを置くと、その足で病院に行った。

検査をすると、果たしてがんだった。かつてのがんと同じ種類のものができているということだった。手術はしなかった。抗がん剤と放射線による治療が続いた。

「抗がん剤も苦しかったけれど、放射線が辛かった。放射線を浴びた皮膚がやけただれるんですよね」

それも回を重ねると、皮膚の柔らかい部分、とりわけ陰嚢の裏側などは、液体のように溶けて流れ落ちた。

「原爆で倒れた人の皮膚がただれ落ちたと聞いていますが、あんな状況だったのかと思うと、恐ろしかったですね」

治療とはいえ、まさに「被爆」である。

それから半年にわたって加療が繰り返されたが、病室には「山小屋はみんなで交代で番をしているから安心しろ」といってくれる地元の友人はもちろん、東京や関西の馴染みの登山者、さらには丹沢などで山小屋を営んでいる主人たちも、「近くまできたので寄った」と訪ねてくれた。

「みんなにどれだけ励まされたことか。死しか見えなかったのに、彼らのためにも早くよくなって、山小屋を再開して恩返しをしようと思いました」

そのためには落ち込んでなどいられない。気力を取り戻し、希望を持つことが大事だと気づいた。遠藤は、毎朝六時に起きて四人部屋の病室の掃除をした。床掃除からベッドの手すりまで、隅々の拭き掃除を毎日繰り返した。床掃除は山小屋でも毎日行なっていることなので、気力を維持するのに役立った。そして、最大の希望は飯豊《いいで》山に登ることだった。

「飯豊山は山の王者。昔から憧れの山で、治ったら挑戦してみたい。登れたら完治した証拠だと、自らを励ましたかったんです」

その日から友人や知人がくるたびに、「飯豊山に行きたい。治ったら連れていってください」と頼み続けた。友人たちはふたつ返事で「いくらでも連れていってやるから、それより早く治せ」と請け合ってくれた。それればかりではなく、飯豊山の写真集や地図などを枕元で開いて見せてくれたりした。なかには飯豊山神社からお札を買って持ってきてくれる仲間もいた。そして、「早く治して、山頂にある飯豊山神社に一緒にお礼参りにいこうぜ」と励ましてくれた。

その甲斐あってか、遠藤は八月には退院することができた。半年ぶりに山小屋に戻ると、以前と少しも変わりはなかった。仲間たちがひたすら掃除をしてくれていたことがわかった。

しかし、入院生活のあとの山小屋の仕事は体力的に辛いものがあった。以前の体力の半分ほどしかなかった。掃除はもちろん料理をするのにもすぐに疲れ、横になった。だが、飯豊山に登る希望は少しも衰えていなかった。というより、どうせ死ぬのなら飯豊山に登ってから死にたいとさえ思った。

「友人には無理だからやめろといわれました。もちろん女房にも、そんなことをしたら死ぬといわれました」

しかし、友人を説得して飯豊山に行くことにした。退院して一か月になるかならないかの頃だった。飯豊山の山小屋は原則無人小屋なので、食料も各自が持たなければならない。荷物のほとんどは友人が持ってくれた。なかには五十キロほどになった人もいたが、それでも遠藤は自分のぶんとして二十キロは背負わなければならなかった。試しに持ち上げてみると、ふらふらした。

「そんなんじゃ無理だよ」

みんなが暗い表情をした。遠藤は「お願いします」と何度も頭を下げた。

だが偶然にも、山行の予定日には、福島地方を台風九号が通過するという予報が出た。とたんに友人の声が明るくなった。「中止する。飯豊は来年にしよう。ちゃんと連れていってやるから、代わりに今年は温泉に行こう」と、急遽、行き先が温泉になり、遠藤の退院祝いの旅行となった。あの時、無理して飯豊山に行っていたら、どうなっていただろうか。

そして平成十四年八月二十五日。前年とまったく同じ友人たちと車で飯豊山に向かった。麓にある大日杉《だいにちすぎ》小屋に泊まり、翌日、飯豊切合《いいでぎりあわせ》小屋を目指して急坂を登った。一年経っていたが、体力はまだ完全ではなかった。何度も立ち止まった。しかし、友人たちは文句のひとつもいわず、「この花は何だ」などと普段は花に興味のない男たちが立ち止まっては図鑑を見ていた。

お蔭で遠藤は、それほど苦しまずに切合小屋に着けた。時間を見ると、コースタイム六時間のところが十時間ほどもかかっていた。

翌日、ゆっくり登りながらようやく念願の頂上にたどり着くことができた。雲ひとつない快晴だった。遠藤の口から思わず「バンザイ」の声が飛び出していた。仲間みんなと握手をかわした。その時、遠藤は、何かしらわかった気がした。

「飯豊山を歩きながら、こうして歩いていること自体が不思議でならないと、しきりに感じていました。でも、握手をしているうちに、みんなの支えがあったからこそ歩けたことが改めてわかりました。ミステリーの謎が解けました」、そういうと遠藤は笑った。

遠藤は、飯豊山神社に手を合わせると、仲間の健康はもちろん、「人のために働きたいので、あと三年は生かしてください」と控えめにお願いした。

その甲斐あってか、めきめきと元気になった。昨年、一度入院し、ひやりとさせられることはあったが、今年の冬には、毎週のようにスキーを履いて山に入り、山小屋の雪下ろしをするまでに回復した。

今年は、吾妻小舎ができて七十周年を迎える年でもある。遠藤は、記念にみんなで八甲田山へスキーツアーに行くことにしたという。八甲田のパウダースノーに、遠藤をはじめみんなの元気なシュプールが描かれることだろう。

さらに遠藤は、秋にもう一度飯豊山に行きたいと願っている。山頂に着いたら、今までのお礼はもちろん、「また、三年生かしてください」と控えめなお願いを再度するためだ。今から楽しみでならない。

あとがき

山の楽しみはいくつもある。汗を流してたどりついた山頂からの美しい眺めであったり、途中で出会った可憐な草花や、野鳥の心地よいさえずりであったりするが、とりわけ私が好きなのは、山小屋で聞く主人や小屋番たちの話だ。なかでも山の怪談や不思議な話など、下界では聞けない話を耳にするると、わくわくしてくる。そんな話に接するたびに、私はいつか『山のミステリー』として一冊にまとめてみたいと願うようになった。

しかし、この手の話は意識して求めると、逃げるものらしく、なかなか耳に入ってこない。逆に意識しないと、知らず知らずのうちに飛び込んでくる。そこで何年かかってもいいから集めてみようと辛抱強く待ち続けることにした。気がつくといろいろ集まっていたが、おもしろいけれど眉唾ものだと思われる話は時間が経つにつれ消えていった。一方で何年経ってもまるで昨日聞いたように記憶にしっかり残る話もあった。この違いはいったいどこにあるのだろうか。

たとえ怪談話でも、残っていくものには、たんに興味本位ではなく、根底には遭難者を弔い、もうこれ以上痛ましい事故が起きないようにという思いが横たわっていることに気づいた。また自然を愛する心が、さまざまな現象に「不思議」を見出していったのだと強く感じた。

幸い、これらの話のいくつかは、山岳雑誌「岳人」の二〇〇二年一月号から十二月号までに十四話、「岳人」別冊二〇〇三年秋号に八話紹介することができた。当時の編集長永田秀樹氏のご厚意だった。お礼申し上げます。そして今回、雑誌に掲載した二十二話に未発表の二十三話を加え、全五十五話で一冊にまとめることになった。内容別に「山の幽霊ばなし」「人智を超えるもの」「自然の不思議」「ひとの不思議」の四つのテーマに分けてみた。

いうまでもなく、すべて実際に聞いた話であり、私自身の体験であり、今日に至る長い年月の篩《ふるい》にかけられた話ばかりである。談話者はできる限り実名にしたが、なかには「とある山小屋主人」というようにしたものもある。匿名は本人からの希望もあったが、名前を出すことで場所が特定され、不都合が生ずる可能性があると思われるものはこちらで伏せさせてもらった。ご了承いただきたい。

本書によって、都会のミステリーとはひと味違う、山に潜む謎や不思議を知っていただけたら幸甚である。最後に本書を作るにあたり、山小屋の主人、小屋番のみなさんをはじめ多くの方々のお手を煩わせました。感謝申し上げます。また、文中では敬称を略させていただきました。失礼をお許しください。出版にあたり、東京新聞出版局編集部長の姫野忠氏、編集者の福江泰太氏のお世話になりました。お礼申し上げます。

二〇〇五年四月吉日

工藤隆雄

新編のためのあとがき

『山のミステリー』が東京新聞から上梓されたのが二〇〇五年だから、いつの間にか十一年も経った。時が経つのは早いものである。しかし、その数年前に「血を引く」を太郎平小屋の五十嶋博文氏から聞いた時の衝撃は今でも明瞭におぼえている。遭難者を特別の訓練を受けた捜索隊が捜しても見つからないのに、山に登ったことがない父あるいは母あるいは息子が山に入り捜してしまうというのは、いったいどういうことなのか。肉親の愛はどんな苦難をも乗り越えてしまうものなのか、人間とはまだまだ不思議な存在だと思った。この話が何年も考え、よくわからなかった『山のミステリー』の方向性を決めてくれたといってもいい。

その後もさまざまな情報を得たが、そのなかに鍋割山荘の草野延孝氏から聞いた「それでも医者か」があった。山小屋で登山者が心筋梗塞で苦しんでいた。たまたま小屋にいた医師に診察を頼むと、「今日は休みだから診察はしない」といって、何もせず、その登山者が目の前で死んで行くという話である。「血を引く」とはまったく逆の衝撃を受けた。あまりにも愛のない話だったので記事にするのを止めようかと考えたが、これも広い意味で人間のミステリーに違いない。『山のミステリー』に載せるべきだと思った。

さらに吾妻小舎の遠藤守雄氏から「山の仲間が支える命」を聞いた。遠藤氏は若い頃からがんに侵され、医師に見放されたこともあった。それでも診てくれる医師を捜し、治療を続けながら山小屋を守ってきた。そんな遠藤氏を精神的に支えてくれたのが奥さまであり、友人たちだった。彼らの励ましでめきめきと遠藤氏は元気を取り戻し、念願だった飯豊山に登ることができたし、山小屋の主人も続けられた。人智を超えた力が働いたのである。これはいい意味でのミステリーである。ぜひ紹介したいと思った。編集を担当してくれた元東京新聞出版局編集部長の姫野忠氏も理解を示してくれた。

しかし、いざ、上梓すると、「ミステリーではないことが書かれている」という書評が出るなどして、理解を得られないこともあり残念だった。数回増刷されたが、その後、取り上げられることもなく、このまま埋もれてしまうのかと寂しく思っていた。

すると、今年になって、山と溪谷社自然図書出版部部長の勝峰富雄氏から、『山のミステリー』を新編として出版しないかというご連絡をいただいた。感謝申し上げます。編集を佐藤徹也氏に担当していただいた。再び陽の目を見ることができて嬉しいが、それ以上にこの数年の間に次々と鬼籍に入られた遠藤守雄氏、清水辰江氏らが再び読者の皆さんにその存在、生き様を知ってもらえると思うと、書き手として望外の幸せを感じる。

二〇一六年三月吉日

工藤隆雄

＊本書所収の五十六話のうち、第18話〜22話、第32話〜34話、第36話〜38話、第40話、第46話、第56話の十四話は、東京新聞出版局の月刊『岳人』二〇〇二年一月号から十二月号まで連載、第8話、第13話、第16〜17話、第24話、第26〜27話、第48話の八話は『岳人』別冊二〇〇三年秋号に掲載され、それに新たに三十話を加えて二〇〇五年五月に同社より『山のミステリー』として単行本化されたものに第9話、29話、51話、52話を新たに書き下ろして再刊したものです。
登場する人物の肩書や山小屋名などは、底本刊行時のものです。

工藤隆雄（くどう・たかお）

1953年、青森市生まれ。

大学卒業後、出版社勤務を経て、新聞・雑誌を舞台に執筆活動を展開。

毎日児童小説優秀作品賞、盲導犬サーブ記念文学賞大賞等を受賞。

著書に本書の基になった『山のミステリー』（東京新聞）を始め、

『ひとり歩きの登山技術』『マタギに学ぶ登山技術』（山と溪谷社）、

『富士を見る山歩き』『続・富士を見る山歩き』『富士を見ながら登る山36』（小学館）、

『山歩きのオキテ』『富士山のオキテ』（新潮文庫）等がある。

日本大学芸術学部文芸学科講師（ノンフィクション論等）、
山歩きの会「富士を見る山歩き」（fujiomiruyamaaruki.sblo.jp）を主宰。

アートディレクション：勝峰 微
装丁：高橋 潤（山と溪谷社）
編集：佐藤徹也、勝峰富雄（山と溪谷社）

新編

山のミステリー

異界としての山

二〇一六年六月二九日　初版第一刷発行
二〇一六年七月一五日　初版第二刷発行

著　者　工藤隆雄
発行人　川崎深雪
発行所　株式会社 山と溪谷社
〒一〇一－〇〇五一
東京都千代田区神田神保町一丁目一〇五番地
http://www.yamakei.co.jp/

◎商品に関するお問合せ先
山と溪谷社カスタマーセンター
電話　〇三－六八三七－五〇一八
◎書店・取次様からのお問合せ先
山と溪谷社受注センター
電話　〇三－六七四四－一九一九
ＦＡＸ　〇三－六七四四－一九二七

印刷・製本　大日本印刷株式会社
定価はカバーに表示してあります

Printed in Japan ISBN978-4-635-32009-2